EVVRES
DE
LOVÏZE LABE'
LIONNOIZE.

A LYON
PAR IAN DE TOURNES
M. D. LV.

Aucc Priuilege du Roy.

A · M · C · D · B · L ·

ESTANT le tems venu, Madamoiselle, que les seueres loix des hommes n'empeschent plus les femmes de s'apliquer aus sciences & disciplines : il me semble que celles qui ont la commodité, doiuent employer cette honnette liberté que notre sexe ha autrefois tant desiree, à icelles aprendre:& montrer aus hômes le tort qu'ils nous faisoient en nous priuant du bien & de l'honneur qui nous en pouuoit venir : Et si quelcune paruient en tel degré, que de pouuoir mettre ses concepcions par escrit, le faire songneusement & non dédaigner la gloire, & s'en parer plustot que de chaines, anneaus, & somptueus habits : lesquels ne pouuons vrayement estimer notres, que par vsage. Mais l'honneur que la science nous procu-

a 2   rera,

fera , fera entierement notre : & ne nous
pourra eftre oté, ne par fineffe de larron , ne
force d'ennemis , ne longueur du tems.
Si i'euffe efté tãt fauorifee des Cieus, que d'a-
uoir l'efprit grand affez pour comprendre ce
dont il ha ù enuie, ie feruirois en cet endroit
plus d'exemple que d'amonicion, Mais ayãt
paffé partie de ma ieuneffe à l'exercice de la
Mufique , & ce qui m'a refté de tems l'ayant
trouué court pour la rudeffe de mon entendement , & ne pouuant de moymefme fatif-
faire au bon vouloir que ie porte à notre fexe, de le voir non en beauté feulement, mais
en fcience & vertu paffer ou egaler les hommes : ie ne puis faire autre chofe que prier
les vertueufes Dames d'efleuer vn peu leurs
efprits par deffus leurs quenoilles & fufeaus,
& s'employer à faire entendre au monde
que fi nous ne fommes faites pour comman
der, fi ne deuõs nous eftre defdaignees pour
compagnes tant es afaires domeftiques que
publiques, de ceus qui gouuernent & fe font
obeïr. Et outre la reputacion que notre fexe
en receura nous aurons valu au publiq , que
les hommes mettront plus de peine & d'è-
ftude aus fciences vertueufes , de peur qu'ils
n'ayent

n'ayent honte de voir preceder celles, desquelles ils ont pretendu estre tousiours superieurs quasi en tout. Pource, nous faut il animer l'une l'autre à si louable entreprise : De laquelle ne deuez eslongner ny espargner votre esprit, ià de plusieurs & diuerses graces acompagné : ny votre ieunesse, & autres faueurs de fortune, pour aquerir cet honneur que les lettres & sciences ont acoutumé porter aus personnes qui les suyuent. S'il y ha quelque chose recommandable apres la gloire & l'honneur, le plaisir que l'estude des lettres ha acoutumé donner nous y doit chacune inciter : qui est autre que les autres recreations : desquelles quand on en ha pris tant que lon veut, on ne se peut vanter d'autre chose, que d'auoir passé le tems. Mais celle de l'estude laisse vn contentement de soy, qui nous demeure plus longuement. Car le passé nous resiouit, & sert plus que le present: mais les plaisirs des sentimens se perdent incontinent, & ne reuiennent iamais, & en est quelquefois la memoire autant fascheuse, côme les actes ont esté delectables. Dauantage les autres voluptez sont telles, que quelque souuenir qui en vienne, si ne

nous peut il remettre en telle disposicion
que nous estions : & quelque imaginacion
forte que nous imprimions en la teste , si
connoissons nous bien que ce n'est qu'une
ombre du passé qui nous abuse & trompe.
Mais quand il auient que mettons par escrit
nos concepcions , combien que puis apres
notre cerueau coure par vne infinité d'afaires & incessamment remue, si est ce que long
tems apres reprenans nos escrits, nous reue-
nons au mesme point,& à la mesme disposicion ou nous estions.   Lors nous redouble
notre aise:car nous retrouuons le plaisir passé
qu'auons u ou en la matiere dont escriuions,
ou en l'intelligéce des sciences ou lors estiõs
adonnez. Et outre ce, le iugement que fot
nos secondes concepcions des premiere
nous rend vn singulier contentement. Ce
deus biens qui prouiennent d'escrire vous y
doiuent inciter , estant asseuree que le premier ne faudra d'acõpagner vos escrits, comme il fait tous vos autres actes & façons de
viure. Le second sera en vous de le prendre,
ou ne l'auoir point : ainsi que ce dont vous
escrirez vous contentera. Quant à moy tar
en escriuant premierement ces ieunesses que
en les

en les reuoyant depuis , ie n'y cherchois autre chofe qu'un hôneſte paſſetems & moyen de fuir oiſiueté : & n'auois point intencion que perſonne que moy les duſt iamais voir. Mais depuis que quelcuns de mes amis ont trouué moyen de les lire ſans que i'en ſuſſe rien , & que (ainſi comme aiſément nous croyons ceus qui nous louent) ils m'ont fait à croire que les deuois mettre en lumiere : ie ne les ay oſé eſconduire , les menaſſant ce pendant de leur faire boire la moitié de la honte qui en prouiendroit. Et pource que les femmes ne ſe montrent volontiers en publiq ſeules,ie vous ay choiſie pour me ſeruir de guide,vous dediant ce petit euure,que ne vous enuoye à autre fin que pour vous acertener du bon vouloir lequel de long tems ie vous porte, & vous inciter & faire venir enuie en voyant ce mien euure rude & mal bati, d'en mettre en lumiere vn autre qui ſoit mieus limé & de meilleure grace.
Dieu vous maintienne en ſanté.
De Lion ce 24. Iuillet
1 5 5 5.
Votre humble amie Louïze Labé

DEBAT DE FOLIE
ET D'AMOVR,
PAR
LOVÏZE LABE'
LIONNOIZE.

❧

ARGVMENT.

IVPITER faisoit vn grand festin, ou estoit cõmandé à tous les Dieus se trouuer. Amour & Folie arriuent en mesme instant sur la porte du Palais: laquelle estant jà fermee, & n'ayant que le guichet ouuert, Folie voyant Amour jà prest à mettre vn pied dedens, s'auance & passe la premiere. Amour se voyant poußé, entre en colere: Folie soutient lui apartenir de passer deuant. Ils entrent en dispute sur leurs puissances, dinitez & preseances. Amour ne la pouuant veinere de paroles, met la main à son arc, & lui lasche vne flesche, mais en vain: pource que Folie soudein se rend inuisible: & se voulant venger, óte les yeus à Amour. Et pour couurir le lieu ou ils estoient, lui mit vn bandeau, fait de tel artifice, qu'impoßible est lui óter. Venus se pleint de Folie. Iupiter veut entendre leur diferent. Apolon & Mercure debatët le droit de lune & l'autre partie. Iupiter les ayant longuement ouiz, en demande l'opinion aus Dieus: puis prononce sa sentence.

a 5

DISCOVRS I.

FOLIE.

Ce que ie voy, ie feray la derniere au feftin de Iupiter, ou ie croy que lon m'attent. Mais ie voy, ce me femble, le fils de Venus, qui y va auffi tart que moy. Il faut que ie le paffe : à fin que lon ne m'apelle tardiue & pareffeufe.

AMOVR Qui eft cette fole qui me pouffe fi rudement? quelle grande háte la preffe? fi ie t'uffe aperçue, ie t'uffe bien gardé de paffer.

FOLIE Tu ne m'uffes pù empefcher, eftant fi ieune & foible. Mais à Dieu te command', ie vois deuant dire que tu viens tout à loifir.

AM. Il n'en ira pas ainfi:car auant que tu
m'efcha

m'eschapes, ie te donneray à connoitre que tu ne te dois atacher à moy.

FOL. Laisse moy aller, ne m'arreste point: car ce te sera honte de quereler auec vne femme. Et si tu m'eschaufes vne fois, tu n'auras du meilleur.

AM. Quelles menasses sont ce cy? ie n'ay trouué encore personne qui m'ait menassé que cette fole.

FOL. Tu montres bien ton indiscrecion, de prendre en mal ce que ie t'ay fait par ieu: & te mesconnois bien toymesme, trouuant mauuais que ie pense auoir du meilleur si tu t'adresses à moy. Ne vois tu pas que tu n'es qu'vn ieune garsonneau? de si foible taille que quand i'aurois vn bras lié, si ne te creindrois ie gueres.

AM. Me connois tu bien?

FOL. Tu es Amour, fils de Venus.

AM. Comment donques fais tu tant la braue aupres de moy, qui, quelque petit que tu me voyes, suis le plus creint & redouté entre les Dieux & les hommes? & toy femme inconnue, oses tu te faire plus grande que moy? ta ieunesse, ton sexe, ta façon de faire te demétent assez: mais plus ton ignorance,

rance, qui ne te permet connoitre, le grand degré que ie tiens.

F O L. Tu trionfes de dire. Ce n'eſt à moy à qui tu dois vendre tes coquilles. Mais di moy, quel eſt ce grand pouuoir dont tu te vantes?

A M. Le ciel & la terre en rendent témoignage. il n'y ha lieu ou n'aye laiſſé quelque troſée. Regarde au ciel tous les ſieges des Dieux, & t'interrogue ſi quelcun d'entre eus s'eſt pù eſchaper de mes mains. Commence au vieil Saturne, Iupiter, Mars, Apolon, & finiz aus Demidieus, Satires, Faunes & Siluains. Et n'auront honte les Deeſſes d'en confeſſer quelque choſe. Et ne m'a Pallas eſpouenté de ſon bouclier : mais ne l'ay voulu interrompre de ſes ſutils ouurages, ou iour & nuit elle s'employe. Baiſſe toy en terre, & di ſi tu trouueras gens de marque, qui ne ſoient ou ayent eſté des miens. Voy en la furieuſe mer, Neptune & ſes Tritons, me preſtans obeïſſance. Penſes tu que les infernaus s'en exemptent? ne les áy ie fait ſortir de leurs abimes, & venir eſpouenter les humains, & rauir les filles à leurs meres : quelques iuges qu'ils ſoient de telz forfaits &
tranſg

transgressions faites contre les loix? Et à fin
que tu ne doutes auec quelles armes ie fay
tant de prouesses, voila mon Arc seul &
mes flesches, qui m'ont fait toutes ces con-
questes. Ie n'ay besoin de Vulcan qui me
forge de foudres, armet, escu & glaiue. Ie ne
suis acompagné de Furies, Harpies & tour-
menteurs de monde, pour me faire creindre
auant le combat. Ie n'ay que faire de cha-
riots, soudars, hommes darmes & grandes
troupes de gens : sans lesquelles les hommes
ne trionferoient la bas, estant d'eus si peu de
chose, qu'vn seul (quelque fort qu'il soit &
puissant) est bien empesché alencontre de
deus. Mais ie n'ay autres armes, conseil, mu-
nicion, ayde, que moymesme. Quand ie voy
les ennemis en campagne, ie me presente
auec mon Arc : & laschant vne flesche les
mets incontinent en route : & est aussi tot la
victoire gaignee, que la bataille donnee.

F O L. I'excuse vn peu ta ieunesse, autrement ie te pourrois à bon droit nommer le
plus presomptueus fol du monde. Il semble-
roit à t'ouir que chacun tienne sa vie de ta
merci : & que tu sois le vray Signeur & seul
souuerein tant en ciel qu'en terre. Tu t'es
mal

mal adreſſé pour me faire croire le contraire
de ce que ie ſay.

AMOVR C'eſt vne eſtrange façon de
me nier tout ce que chacun confeſſe.

FOL. Ie n'ay afaire du iugement des autres : mais quant à moy , ie ne ſuis ſi aiſee à
tromper. Me penſes tu de ſi peu d'entendement , que ie ne connoiſſe à ton port , & à
tes contenances, quel ſens tu peus auoir ? &
me feras tu paſſer deuant les yeus , qu'un eſprit leger comme le tien , & ton corps ieune & flouet, ſoit dine de telle ſigneurie, puiſſance & autorité , que tu t'atribues ? & ſi
quelques auentures eſtranges , qui te ſont
auenues , te deçoiuent , n'eſtime pas que ie
tombe en ſemblable erreur, ſachant tresbien
que ce n'eſt par ta force & vertu, que tant de
miracles ſoient auenuz au monde : mais par
mon induſtrie, par mon moyen & diligence :
combien que tu ne me connoiſſes. Mais ſi tu
veus vn peu tenir moyen en ton courrous, ie
te feray connoitre en peu d'heure ton arc,
& tes fleſches, ou tant tu te glorifies , eſtre
plus molz que paſte , ſi ie n'ay bandé l'arc,
& trempé le fer de tes fleſches.

AM. Ie croy que tu veus me faire perdre
pacien

pacience. Ie ne sache iamais que personne
ait manié mon arc, que moy : & tu me veus
faire à croire, que sans toy ie n'en pourrois
faire aucun effort. Mais puis qu'ainsi est que
tu l'estimes si peu, tu en feras tout à cette
heure la preuue.

Folie se fait inuisible, tellement, qu' Amour
ne la peut assener.

A M. Mais qu'es tu deuenue ? comment
m'es tu eschapee ? Ou ie n'ay sù t'ofenser,
pour ne te voir, ou contre toy seule ha re-
bouché ma flesche : qui est biẽ le plus estrange cas qui iamais m'auint. Ie pensois estre
seul d'entre les Dieus, qui me rendisse inuisible à eus mesmes quand bon me sembloit.
Et maintenant ay trouué qui m'a esbloui les
yeus. Aumoins di moy, quiconque sois, si
à l'auenture ma flesche t'a frapee, & si elle
ta blessee.

F O L. Ne t'auois ie bien dit, que ton arc
& tes flesches n'ont effort, que quand ie suis
de la partie. Et pourautant qu'il ne m'a plu
d'estre nauree, ton coup ha esté sans effort. Et
ne t'esbahis si tu m'as perdue de vuë, car quãd
bon me semble, il n'y ha œil d'Aigle, ou de
serpẽt Epidaurien, qui me sache aperceuoir.

Et

Et ne plus ne moins que le Cameleon , ie
pren quelquefois la femblance de ceus aupres defquelz ie fuis.

A M. A ce que ie voy, tu dois eftre quelque forçiere ou enchanterefle. Es tu poin
quelque Circe, ou Medee, ou quelque Fée

F O L. Tu m'outrages toufiours de paroles : & n'a tenu à toy que ne l'aye efté de fait.
Ie fuis Deefle,comme tu es Dieu : mon nom
eft Folie. Ie fuis celle qui te fay grand , &
abaifle à mon plaifir. Tu lafches l'arc, & get-
tes les flefches en l'air : mais ie les affois aus
cœurs que ie veus. Quand tu te penfes plus
grand qu'il eft poffible d'eftre, lors par quelque petit defpit ie te renge & remets auec le
vulgaire. Tu t'adreffes contre Iupiter : mais
il eft fi puiffant,& grand,que fi ie ne dreffois
ta main, fi ie n'auois bien trempé ta flefche,
tu n'aurois aucun pouuoir fur lui. Et quand
toy feul ferois aymer , quelle feroit ta gloire
fi ie ne faifois paroitre cet amour par mille
inuencions ? Tu as fait aymer Iupiter : mais
ie l'ay fait trâfmuer en Cigne,en Taureau,en
Or, en Aigle: en danger des plumaffiers, des
loups,des larrons, & chaffeurs. Qui fit prendre Mars au piege auec ta mere,fi non moy,
qui

qui l'auois rendu si mal auisé, que venir faire
un poure mari cocu dedens son lit mesme?
Qu'ust ce esté, si Paris n'ust fait autre chose,
qu'aymer Heleine? Il estoit à Troye, l'autre
à Sparte:ils n'auoient garde d'eus assembler.
Ne lui fis ie dresser une armee de mer, aller
chez Menelas, faire la court à sa femme,
l'emmener par force,& puis defendre sa que-
rele iniuste contre toute la Grece? Qui ust
parlé des Amours de Dido, si elle n'ust fait
semblant d'aller à la chasse pour auoir la
commodité de parler à Enee seule à seul, &
lui montrer telle priuauté, qu'il ne deuoit
auoir honte de prendre ce que volontiers
elle ust donné, si à la fin n'ust couronné son
amour d'une miserable mort? On n'ust
non plus parlé d'elle, que de mile autres
hotesses, qui font plaisir aus passans. Ie croy
qu'aucune mencion ne seroit d'Artemise, si
ie ne lui usse fait boire les cendres de son
mari. Car qui ust sù si son affeccion ust passé
celle des autres femmes, qui ont aymé,& re-
gretté leurs maris & leurs amis? Les effets
& issues des choses les font louer ou mespri-
ser. Si tu fais aymer, i'en suis cause le plus
souuent. Mais si quelque estrange auenture,

b   ou

ou grand effet en fort, en celà tu n'y as rien :
mais en eft à moy feule l'honneur. Tu n'as
rien que le cœur : le demeurant eft gouuerné
par moy. Tu ne fcez quel moyen faut tenir,
Et pour te declarer qu'il faut faire pour nom
plaire, ie te meine & condui : & ne te fer
uent tes yeus non plus que la lumiere à un
aueugle. Et à fin que tu me reconnoiffes
d'orenauant, & que me faches gré quand ie
te meneray ou conduiray : regarde fi tu vois
quelque chofe de toymefme ?

Folie tire les yeus à Amour.

A M. O Iupiter ! ô ma mere Venus ! Iupiter, Iupiter, que m'a ferui d'eftre Dieu, fils de
Venus tant bien voulu iufques ici, tant au
ciel qu'en terre, fi ie fuis fuget à eftre iniu-
rié & outragé, comme le plus vil efclaue ou
forfaire, qui foit au monde ? & qu'une femme inconnue m'ait pû creuer les yeus ? Qu'à
la malheure fut ce banquet folennel inftitué
pour moy. Me trouueráy ie en haut auecques les autres Dieus en tel ordre ? Ils fe ref-
iouiront, & ne feray que me pleindre. O fem
me cruelle ! comment m'as tu ainfi acoutré.

F O L. Ainfi fe chatient les ieunes & pre-
fomptueus, comme toy. Quelle temerité ha
un

un enfant de s'adreſſer à une femme, & l'iniurier & outrager de paroles : puis de voye
de fait tacher à la tuer. Vne autre fois eſtime ceus que tu ne connois eſtre, poſſible,
plus grans que toy. Tu as ofenſé la Royne
des hommes, celle qui leur gouuerne le cerueau, cœur, & eſprit : à l'ombre de laquelle
tous ſe retirent une fois en leur vie, & y demeurent les uns plus, les autres moins, ſelon
leur merite. Tu as ofenſé celle qui t'a fait
auoir le bruit que tu as : & ne s'eſt ſouciee
de faire entendre au Monde, que la meilleure partie du loz qu'il te donnoit, lui eſtoit
due. Si tu uſſes eſté plus modeſte, encore que
ie te fuſſe inconnue : cette faute ne te fuſt
auenue.

A M. Comment eſt il poſſible porter honneur à une perſonne, que lon n'a iamais vuë?
Ie ne t'ay point fait tant d'iniure que tu dis,
vù que ne te connoiſſois. Car ſi i'uſſe ſù qui
tu es, & combien tu as de pouuoir, ie t'uſſe
fait l'honneur que merite une grand' Dame.
Mais eſt il poſſible, s'ainſi eſt que tant m'ayes
aymé, & aydé en toutes mes entrepriſes, que
m'ayant pardonné, me rendiſſes mes yeus?

F O L. Que tes yeus te ſoient renduz, ou

b 2   non,

non,il n'eſt en mon pouuoir.Mais ie t'acou-
treray bien le lieu ou ils eſtoiét, en ſorte que
lon n'y verra point de diformité.

Folie bande Amour, & lui met des eſles.

Et ce pendant que tu chercheras tes yeus,
voici des eſles que ie te preſte, qui te con-
duiront auſſi bien comme moy.

A M. Mais ou auois tu pris ce bandeau ſi
à propos pour me lier mes plaies?

F O L. En venant i'ay trouué une des Parques,qui me l'a baillé,& m'a dit eſtre de telle
nature, que iamais ne te pourra eſtre oté.

A M. Comment oté ! ie ſuis donq aueugle
à iamais. O meſchante & traytreſſe ! il ne te
ſuſit pas de m'auoir creué les yeus, mais tu
as oté aus Dieus la puiſſance de me les pouuoir iamais rendre. O qu'il n'eſt pas dit ſans
cauſe, qu'il ne faut point receuoir preſent de
la main de ſes ennemis.La malheureuſe m'a
bleſsé, & me ſuis mis entre ſes mains pour
eſtre penſé. O cruelles Deſtinees ! O noire
iournee ! O moy trop credule ! Ciel, Terre,
Mer,n'aurez vous cõpaſſion de voir Amour
aueugle?O infame & deteſtable, tu te vante-
ras que ne t'ay pù fraper, que tu m'as oté les
yeus,& trompé en me fiant en toy.Mais que
me

me sert de plorer ici? Il vaut mieus que me
retire en quelque lieu apart, & laisse passer
ce festin. Puis s'il est ainsi que i'aye tant de
faueur au Ciel ou en Terre: ie trouueray
moyen de me venger de la fausse Sorciere,
qui tant m'a fait d'outrage.

DISCOVRS II.

Amour sort du Palais de Iupiter, & va
refuant à son infortune.

AMOVR.

RES suis ie las de toute chose. Il
vaut mieus par despit descharger
mon carquois, & getter toutes
mes flesches, puis rendre arc &
trousse à Venus ma mere. Or aillent, ou elles
pourront, ou en Ciel, ou en Terre, il ne m'en
chaut: Aussi bien ne m'est plus loisible faire
aymer qui bon me semblera. O que ces belles Destinees ont auiourdhui fait un beau
trait, de m'auoir ordonné estre aueugle, à
fin qu'indiferemment, & sans accepcion de
personne, chacun soit au hazard de mes
traits & de mes flesches. Ie faisois aymer les

b 3   ieunes

ieunes pucelles, les ieunes hommes : i'acompagnois les plus iolies des plus beaus & plus adroits. Ie pardonnois aus laides, aus viles & basses personnes : ie laissois la vieillesse en paix : Maintenant, pensant fraper un ieune, i'asseneray sus un vieillart : au lieu de quelque beau galand, quelque petit laideron à la bouche torse : & auiendra qu'ils seront les plus amoureus, & qui plus voudront auoir de faueur en amours : & possible par importunité, presens, ou richesses, ou disgrace de quelques Dames, viendront au dessus de leur intencion : & viendra mon regne en mespris entre les hommes, quand ils y verront tel desordre & mauuais gouuernement. Baste : en aille comme il pourra. Voila toutes mes flesches. Tel en soufrira, qui n'en pourra mais.

VENVS. Il estoit bien tems que ie te trouuasse, mon cher fils, tant tu m'as donné de peine. A quoy tient il, que tu n'es venu au banquet de Iupiter ? Tu as mis toute la compagnie en peine. Et en parlant de ton absence, Iupiter ha ouy dix mile pleintes de toy d'une infinité d'artisans, gens de labeur, esclaues, chambrieres, vieillars, vieilles edentees,

teés, crians tous à Iupiter qu'ils ayment : &
en font les plus aparens fachez, trouuant
mauuais, que tu les ayes en cet endroit ega-
lez à ce vil populaire : & que la paffion propre aus bons efprits foit auiourdhui familiere & commune aus plus lourds & groffiers.

A M. Ne fuft l'infortune, qui m'eft auenue, i'uffe affifter au banquet, comme les autres, & ne fuffent les pleintes, qu'auez ouyes,
efté faites.

V E N. Es tu blefsé, mon fils? Qui t'a ainfi
bandé les yeus?

A M. Folie m'a tiré les yeus : & de peur
qu'ils ne me fuffent renduz, elle m'a mis ce
bandeau qui iamais ne me peut eftre oté.

V E N. O quelle infortune! he moy mife-
rable! Donq tu ne me verras plus, cher enfant? Au moins fi te pouuois arrofer la plaie
de mes larmes.

Venus tache à defnouer la bande.

A M. Tu pers ton tems : les neuz font in-
diffolubles.

V E N. O maudite ennemie de toute fa-
pience, ô femme abandonnee, ô à tort nom-
mee Deeffe, & à plus grand tort immortelle.
Qui vid onq telle iniure? Si Iupiter, & les

Dieus

Dieux me croient. A tout le moins que iamais cette meschante n'ait pouuoir sur toy,
mon fils.

A M. A tard se feront ces defenses, il les
failloit faire auant que fusse aueugle : maintenant ne me seruiront gueres.

V E N. Et donques Folie, la plus miserable
chose du monde, ha le pouuoir d'oter à Venus le plus grand plaisir qu'elle ust en ce
monde : qui estoit quand son fils Amour ia
voyoit. En ce estoit son contentement, son
desir, sa felicité. Helas fils infortuné ! O des-
astre d'Amour ! O mere desolee ! O Venus
sans fruit belle ! Tout ce que nous aque-
rons, nous le laissons à nos enfans : mon tresor n'est que beauté, de laquelle que chaut il
à un aueugle ? Amour tant cheri de tout le
monde, comme as tu trouué beste si furieuse, qui t'ait fait outrage ! Qu'ainsi soit dit,
que tous ceus qui aymeront (quelque faueur qu'ils ayent) ne soient sans mal, & infortune, à ce qu'ils ne se dient plus heureus,
que le cher fils de Venus.

A M. Cesse tes pleintes douce mere : &
ne me redouble mon mal te voyant en-
nuiee. Laisse moy porter seul mon infortune

tune : & ne defire point mal à ceus qui me
fuiuront.

VEN. Allons mon fils, vers Iupiter, &
lui demandons vengeance de cette malheu-
reufe.

DISCOVRS III.

VENVS.

SI ONQVES tu uz pitié de moy,
Iupiter, quand le fier Diomede
me naura, lors que tu me voyois
trauailler pour fauuer mon fils
Enee de l'impetuofité des vents, vagues, &
autres dangers, efquels il futtant au fiege de
Troye, que depuis: fi mes pleurs pour la
mort de mon Adonis te murent à compaf-
fion : la iufte douleur, que i'ay pour l'iniure
faite à mon fils Amour, te deura faire auoit
pitié de moy. Ie dirois que c'eft, fi les larmes
ne m'empefchoient. Mais regarde mon fils
en quel eftat il eft, & tu connoitras pourquoy ie me pleins.

IVP. Ma chere fille, que gaignes tu auec
ces pleintes me prouoquer à larmes ? Ne

b 5   fcez

ſcez tu l'amour que ie t'ay portee de toute
memoire? As tu defiance, ou que ie ne te
veuille ſecourir, ou que ie ne puiſſe?

V E N. Eſtant la plus afligee mere du monde, ie ne puis parler, que comme les afligees.
Encore que vous m'ayez tant montré de faueur & d'amitié, ſi eſt ce que ie n'oſe vous
ſuplier, que de ce que facilement vous otroi-
riez au plus eſtrange de la terre. Ie vous demande iuſtice, & vengeance de la plus malheureuſe femme qui fuſt iamais, qui m'a mis
mon fils Cupidon en tel ordre que voyez.
C'eſt Folie, la plus outrageuſe Furie qui onques fut es Enfers.

I V P. Folie! ha elle eſté ſi hardie d'atenter
à ce, qui plus vous eſtoit cher? Croyez que ſi
elle vous ha fait tort, que telle punicion en
ſera faite, qu'elle ſera exemplaire. Ie penſois
qu'il n'y uſt plus debats & noiſes qu'entre les
hommes: mais ſi cette outrecuidee ha fait
quelque deſordre ſi pres de ma perſonne, il
lui ſera cher vẽdu. Toutefois il la faut ouir, à
fin qu'elle ne ſe puiſſe pleindre. Car encore
que ie puſſe ſauoir de moymeſme la verité
du fait, ſi ne véus ie point mettre en auant
cette coutume, qui pourroit tourner à con-
ſequen

sequence, de condamner une perſonne ſans l'ouïr. Pource, que Fólie ſoit apelee.

FOLIE. Haut & ſouuerein Iupiter, me voici preſte à reſpondre à tout ce qu'Amour me voudra demander. Toutefois i'ay vne requeſte à te faire. Pource que ie ſay que de premier bõd la plus part de ces ieunes Dieus ſeront du coté d'Amour, & pourront faire trouuer ma cauſe mauuaiſe en m'interrompant, & ayder celle d'Amour acompagnant ſon parler de douces acclamacions : ie te ſuplie qu'il y ait quelcun des Dieus qui parle pour moy, & quelque autre pour Amour : à fin que la qualité des perſonnes ne ſoit plus tot conſideree, que la verité du fait. Et pource que ie crein ne trouuer aucun, qui, de peur d'eſtre apelé fol, ou ami de Folie, veuille parler pour moy : ie te ſuplie commander à quelcun de me prendre en ſa garde & proteccion.

IVP. Demande qui tu voudras, & ie le chargeray de parler pour toy.

FOL. Ie te ſuplie donq que Mercure en ait la charge. Car combien qu'il ſoit des grans amis de Venus, ſi ſuïs ie ſeure, que s'il entreprent parler pour moy, il n'oubliera rien

qui

qui ſerue à ma cauſe.

IVP. Mercure, il ne faut iamais refuſer de porter parole pour un miſerable & afligé: Car ou tu le mettras hors de peine, & ſera ta louenge plus grande, d'autāt qu'auras moins ù de regard aus faueurs & richeſſes, qu'à la iuſtice & droit d'un poure homme : ou ta priere ne lui ſeruira de rien, & neanmoins ta pitié, bonté & diligence, ſeront recommandees. A cette cauſe tu ne dois diferer ce que cette poure afligee te demande : Et ainſi ie veus & commande que tu le faces.

MERC. C'eſt choſe bien dure à Mercure moyenner deſplaiſ: à Venus. Toutefois, puis que tu me contreins, ie feray mon deuoir tant que Folie aura raiſon de ſe contenter.

IVP. Et toy, Venus, quel des Dieus choiſiras tu? l'affeccion maternelle, que tu portes à ton fils, & l'enuie de voir venger l'iniure, qui lui ha eſté faite, te pourroit tranſporter. Ton fils eſtant irrité, & nauré recentement, n'y pourroit pareillement ſatisfaire. A cette cauſe, choiſi quel autre tu voudras pour parler pour vous: & croy qu'il ne lui ſera beſoin lui commander: & que celui, à qui tu t'adreſferas

feras, fera plus aife de te faire plaifir en cet endroit, que toy de le requerir. Neanmoins s'il en eft befoin, ie le lui commanderay.

VEN. Encor que lon ait femé par le monde, que la maifon d'Apolon & la mienne ne s'acordoient gueres bien : fi le crois ie de fi bonne forte qu'il ne me voudra efconduire en cette neceffité, lui requerant fon ayde à ceftui mien extreme befoin : & montrera par l'iffue de cette afaire, combien il y ha plus d'amitié entre nous, que les hommes ne cuident.

APOL. Ne me prie point, Deeffe de beauté : & ne fais dificulté que ne te veuille autant de bien, comme merite la plus belle des Deeffes. Et outre le témoignage, qu'en pourroiét rendre tes iardins, qui font en Cypre & Ida, fi bien par moy entretenus, qu'il n'y ha rien plus plaifant au monde : encore connoitras tu par l'iffue de cette querelle combien ie te porte d'affeccion & me fens fort aife que, te retirant vers moy en cet afaire, tu declaires aus hommes comme fauffement ils ont controuué, que tu auois coniuré contre toute ma maifon.

IVP. Retirez vous donq un chacun, & reuen

reuenez demain à semblable heure, & nous
mettrons peine d'entendre & vuider vos
querelles.

DISCOVRS IIII.

Cupidon *vient donner le bon iour*
à Iupiter.

IVPITER.

Q VE dis tu petit mignon? Tant que
ton diferent soit terminé, nous
n'aurons plaisir de toy. Mais ou
est ta mere?

A M. Elle est allee vers Apolon, pour l'a-
mener au consistoire des Dieus. Ce pendant
elle m'a comandé venir vers toy te donner
le bon iour.

IVP. Ie la plein bien pour l'ennui qu'elle
porte de ta fortune. Mais ie m'esbahi comme, ayant tant ofensé de hauts Dieus &
grans Signeurs, tu n'as iamais ù mal que par
Folie!

A M. C'est pource que les Dieus & hommes, bien auisez, creingnent que ne leur face pis. Mais Folie n'a pas la consideracion

& iugement ſi bon.

IVP. Pour le moins te deuroient ils haïr, encore qu'ils ne t'oſaſſent ofenſer. Toutefois tous tant qu'ils ſont t'ayment.

AM. Ie ſerois bien ridicule, ſi ayant le pouuoir de faire les hommes eſtre aymez, ne me faiſois auſſi eſtre aymé.

IVP. Si eſt il bien contre nature, que ceus qui ont reçu tout mauuais traitement de toy, t'ayment autant comme ceus qui ont ù pluſieurs faueurs.

AMOVR. En ce ſe montre la grandeur d'Amour, quand on ayme celui dont on eſt mal traité.

IVP. Ie ſay fort bien par experience, qu'il n'eſt point en nous d'eſtre aymez : car, quelque grand degré ou ie ſois, ſi áy ie eſté bien peu aymé : & tout le bien qu'ay reçu, l'ay plus tot ù par force & fineſſe, que par amour.

AM. I'ay bien dit que ie fais aymer encore ceus, qui ne ſont point aymez : mais ſi eſt il en la puiſſance d'un chacun le plus ſouuent de ſe faire aymer. Mais peu ſe treuuent, qui facent en amour tel deuoir qu'il eſt requis.

IVP.

I v P. Quel deuoir?

A M. La premiere chofe dont il faut s'en-
querir, c'eft, s'il y ha quelque Amour imprimee:& s'il n'y en ha,ou qu'elle ne foit encor
enracinee, ou qu'elle foit defia toute ufee,
faut fongneufemét chercher quel eft le naturel de la perfonne aymee : &, connoiffant le
notre, auec les cómoditez, façons, & quali-
tez eftre fenblables, en ufer : fi non, le changer. Les Dames que tu as aymees,vouloient
eftre louees, entretenues par un long tems,
priees,adorees:quell'Amour penfes tu qu'elles t'ayent porté, te voyant en foudre,en Satire, en diuerfes fortes d'Animaus, & conuerti en chofes infenfibles? La richeffe te fera iouir des Dames qui font auares : mais
aymer non. Car cette affeccion de gaigner
ce qui eft au cœur d'une perfonne, chafle la
vraye & entiere Amour : qui ne cherche fon
proufit, mais celui de la perfonne, qu'il ayme. Les autres efpeces d'Animaus ne pou-
uoiét te faire amiable.Il n'y ha animant cour-
tois & gracieus que l'homme, lequel puiffe
fe rédre fuget aus complexions d'autrui,aug-
menter fa beauté & bonne grace par mile
nouueaus artifices : plorer,rire,chäter,& paf-
fionner

fionner la perfonne qui le voit. La lubricité
& ardeur de reins n'a rien de commun, ou
bien peu, auec Amour. Et pource les femmes ou iamais n'aymeront, ou iamais ne feront femblant d'aymer pour ce refpeét. Ta
mageité Royale encores ha elle moins de
pouuoir en ceci : car Amour fe pleint de
chofes egales. Ce n'eft qu'un ioug, lequel
faut qu'il foit porté par deus Taureaus fem-
blables: autrement le harnois n'ira pas droit.
Donq, quand tu voudras eftre aymé, defcens
en bas, laiffe ici ta couronne & ton fceptre,
& ne dis qui tu es. Lors tu verras en bien fer-
uant & aymant quelque Dame, que fans
qu'elle ait egard à richeffe ne puiffance, de
bon gré t'aymera. Lors tu fentiras bien un
autre contentement, que ceus que tu as uz
par le paffé : & au lieu d'un fimple plaifir, en
receuras un double. Car autant y ha il de
plaifir à eftre baisé & aymé, que de baifer &
aymer.

   IVP. Tu dis beaucoup de raifons : mais
il y faut un long tems, une fugeccion grande, & beaucoup de paffions.

   AM. Ie fay bien qu'un grand Signeur fe
fache de faire longuement la court, que les

                              c   afaires

afaires d'importance ne permettent pas qu'il
s'y affugettiffe , & que les honneurs qu'il re-
çoit tous les iours , & autres paffetems fans
nombre , ne lui permettent croitre fes paffions , de forte qu'elles puiffent mouuoir
leurs amies à pitié. Auffi ne doiuent ils atendre les grans & faciles contentemens qui
font en Amour , mais fouuentefois i'abaiffe
fi bien les grans, que ie les fay à tous, exemple de mon pouuoir.

IVPITER. Il eft tems d'aller au confi-
ftoire : nous deuiferons une autrefois plus à
loifir.

DISCOVRS V.

APOLON.

S I onques te falut fongneufement
pouruoir à tes afaires , fouuerein
Iupiter , ou quand auec l'ayde de
Briare tes plus proches te vou-
loient mettre en leur puiffance , ou quand
les Geans, fils de la Terre , mettans montaigne fur montaigne, deliberoient nous venir
combatre iufques ici, ou quand le Ciel & la
Terr

Terre cuiderent bruler : à cette heure, que la
licence des fols est venue si grande, que d'outrager deuant tes yeus l'un des principaus de
ton Empire, tu n'as moins d'ocasion d'a-
uoir creinte, & ne dois diferer à donner
pront remede au mal ia commencé. S'il
est permis à chacun atenter sur le lien qui
entretient & lie tout ensemble : ie voy en
peu d'heure le Ciel en desordre, ie voy les
uns changer leur cours, les autres entreprendre sur leurs voisins une consommacion uni-
uerselle : ton sceptre, ton trone, ta magesté
en danger. Le sommaire de mon oraison sera conseruer ta grandeur en son integrité, en
demandant vengeance de ceus qui outra-
gent Amour, la vraye ame de tout l'uniuers,
duquel tu tiens ton sceptre. D'autant donq
que ma cause est tant fauorable, coniointe
auec la conseruacion de ton estat, & que
neanmoins ie ne demande que iustice: d'autant plus me deuras tu atentiuement escouter. L'iniure que ie meintien auoir esté faite à Cupidon, est telle : Il venoit au festin
dernier : & voulant entrer par une porte,
Folie acourt apres lui, & lui mettant la main
sur l'espaule le tire en arriere, & s'auance, &

passe

passe la premiere. Amour voulant sauoir qui
c'estoit, s'adresse à elle. Elle lui dit plus d'iniures, quil n'apartient à une femme de bien
à dire. De là elle commence se hausser en paroles, se magnifier, fait Amour petit. Lequel
se voyant ainsi peu estimé, recourt à la
puissance, dont tu l'as tousiours vû, & permets user contre toute personne. Il la veut
faire aymer, elle euite au coup : & feingnant
ne prendre en mal, ce que Cupidon lui auoit
dit, recommence à deuiser auec lui: & en parlant tout d'un coup lui leue les yeus de la teste. Ce fait, elle se vient à faire si grande sur
lui, qu'elle lui fait entendre de ne lui estre
possible le guerir, s'il ne reconnoissoit qu'il
ne lui auoit porté l'honneur qu'elle meritoit.
Que ne feroit on pour recouurer la ioyeuse
vûe du Soleil? Il dit, il fait tout ce qu'elle
veut. Elle le bande, & pense ses plaies en
atendant que meilleure ocasion vinst de lui
rendre la vûe. Mais la traytresse lui mit un
tel bandeau, que iamais ne sera possible lui
oter : par ce moyen voulant se moquer de
toute l'ayde que tu lui pourrois donner : &
encor que tu lui rendisse les yeus, qu'ils
fussent neanmoins inutiles. Et pour le mieus
                                        acout

acoutrer lui ha baillé de ſes eſles, a fin d'eſtre
auſſi bien guidé comme elle. Voila deus iniures grandes & atroces faites à Cupidon.
On l'a bleſſé, & lui ha lon oté le pouuoir &
moyen de guerir. La plaie ſe voit, le delit eſt
manifeſte : de l'auteur ne s'en faut enque-
rir. Celle qui ha fait le coup, le dit, le preſ-
che, en fait ſes contes par tout. Interrogue
la : plus tot l'aura confeſſé que ne l'auras demandé. Que reſte il ? Quand il eſt dit : qui
aura tiré une dent, lui en ſera tiré une autre:
qui aura arraché un œil, lui en ſera ſembla-
blement creué un, celà s'entent entre perſonnes egales. Mais quand on ha ofenſé
ceus, deſquels depend la conſeruacion de
pluſieurs, les peines s'aigriſſent, les loix s'ar-
ment de ſeuerité, & vengent le tort fait au
publiq. Si tout l'Vniuers ne tient que par
certeines amoureuſes compoſicions, ſi elles
ceſſoient, l'ancien Abime reuiendroit. Otant
l'amour, tout eſt ruïné. C'eſt donq celui, qu'il
faut conſeruer en ſon eſtre : c'eſt celui, qui
fait multiplier les hommes, viure enſemble,
& perpetuer le monde, par l'amour & ſoli-
citude qu'ils portent à leurs ſucceſſeurs. Iniurier cet Amour, l'outrager, qu'eſt ce, ſinon

c 3   vouloir

vouloir troubler & ruïner toutes chofes?
Trop mieus vaudroit que la temeraire fe fuft
adreffee à toy : car tu t'en fuffes bien donné
garde. Mais s'eftant adreffee à Cupidon, elle
t'a fait dommage irreparable, & auquel n'as
ù puiffance de donner ordre. Cette iniure
touche auffi en particulier tous les autres
Dieus, Demidieus, Faunes, Satires, Siluains,
Deeffes, Nynfes, Hommes & Femmes : &
croy qu'il n'y ha Animant, qui ne fente mal,
voyant Cupidon bleffé. Tu as donq ofé, ô
deteftable, nous faire à tous defpit, en outra-
geant ce que tu fauois eftre de tout aymé.
Tu as ù le cœur fi malin, de naurer celui qui
apaife toutes noifes & querelles. Tu as ofé
atenter au fils de Venus : & ce en la court
de Iupiter : & as fait qu'il y ha ù ça haut
moins de franchife, qu'il n'y ha la bas entre
les hommes, es lieus qui nous font confa-
crez. Par tes foudres, ô Iupiter, tu abas les arbres, ou quelque poure femmelette gardant
les brebis, ou quelque mefchât garfonneau,
qui aura moins dinement parlé de ton nom:
& cette cy, qui, mefprifant ta magefté, ha vio
lé ton palais, vit encores! & ou? au ciel: & eft
eftimee immortelle, & retiét nom de Deeffe!

Les

Les roues des Enfers soutiennent elles une
ame plus detestable que cette cy ? Les montaignes de Sicile couurent elles de plus exe-
crables personnes ? Et encores n'a elle honte de se presenter deuant vos diuinitez : & lui
semble (si ie l'ose dire) que serez tous si fols,
que de l'absoudre. Ie n'ay neanmoins charge par Amour de requerir vengeance & punicion de Folie. Les gibets, potences, roues,
couteaus, & foudres ne lui plaisent, encor
que fust contre ses malueuillans, contre lesquels mesmes il ha si peu usé de son ire, que,
oté quelque subit courrous de la ieuneffe qui
le suit, il ne se trouua iamais un seul d'eus,
qui ait voulu l'outrager, fors cette furieuse.
Mais il laisse le tout à votre discrecion, ô
Dieus : & ne demande autre chose, sinon que
ses yeus lui soient rendus, & qu'il soit dit, que
Folie ha ù tort de l'iniurier & outrager. Et
à ce que par ci apres n'auienne tel desordre,
en cas que ne veuillez enseuelir Folie sous
quelque montaigne, ou la mettre à l'aban-
don de quelque aigle, ce qu'il ne requiert,
vous vueillez ordonner, que Folie ne se trouuera pres du lieu ou Amour sera, de cent
pas à la ronde. Ce que trouuerez deuoir

estre

estre fait, apres qu'aurez entendu de quel grand bien sera cause Amour, quand il aura gaigné ce point: & de combien de maus il sera cause, estant si mal acompagné, mesmes à present qu'il ha perdu les yeus. Vous ne trouuerez point mauuais que ie touche en brief en quel honneur & reputacion est Amour entre les hommes, & qu'au demeurant de mon oraison ie ne parle guere plus que d'eus. Donques les hommes sont faits à l'image & semblance de nous, quant aus esprits: leurs corps sont composez de plusieurs & diuerses complexions: & entre eus si diferens tant en figure, couleur & forme, que iamais en tant de siecles, qui ont pasé, ne s'en trouua, que deus ou trois pers, qui se ressemblassent: encore leurs seruiteurs & domestiques les connoissoiët particulierement, l'un d'auec l'autre. Estãs ainsi en meurs, complexions, & forme dissemblables, sont neanmoins ensemble liez & assemblez par une beniuolence, qui les fait vouloir bien l'un à l'autre: & ceus qui en ce sont les plus excellens, sont les plus reuerez entre eus. Delà est venue la premiere gloire entre les hommes. Car ceus qui auoient inuenté quelque
chose

chofe à leur proufit, eftoient eftimez plus
que les autres. Mais faut penfer que cette
enuie de proufiter en publiq, n'eft procedee
de gloire, comme eftant la gloire pofterieure
en tems. Quelle peine croyez vous, qu'a ù
Orphee pour deftourner les hommes barbares de leur acoutumee cruauté? pour les faire affembler en compagnies politiques? pour
leur mettre en horreur le piller & robber l'au
trui? Eftimez vous que ce fuft pour gain? duquel ne fe parloit encores entre les hommes, qui n'auoient fouillé es entrailles de la
terre? La gloire, côme i'ay dit, ne le pouuoit
mouuoir. Car n'eftans point encore de gens
politiquement vertueus, il n'y pouuoit eftre
gloire, ny enuie de gloire. L'amour qu'il portoit en general aus hommes, le faifoit trauailler à les conduire à meilleure vie. C'eftoit la
douceur de fa Mufique, que lon dit auoir
adouci les Loups, Tigres, Lions: attiré les
arbres, & amolli les pierres: & quelle pierre
ne s'amolliroit entendant le dous prefche-
ment de celui qui amiablement la veut aten-
drir pour receuoir l'impreffion de bien &
honneur? Combien eftimez vous que Promethee foit loué là bas pour l'ufage du feu,

qu'il

qu'il inuenta ? Il le vous defroba, & encou-
rut votre indinacion. Eſtoit ce qu'il vous
vouluſt ofenſer ? ie croy que non : mais l'a-
mour, qu'il portoit à l'homme, que tu lui
baillas, ô Iupiter, commiſſion de faire de terre, & l'aſſembler de toutes pieces ramaſſees
des autres animaus. Cet amour que lon porte en general à ſon ſemblable, eſt en telle re-
cõmandacion entre les hommes, que le plus
ſouuent ſe trouuent entre eus qui pour ſau-
uer un païs, leur parent, & garder l'honneur
de leur Prince, s'enfermeront dedens lieus
peu defenſables, bourgades, colombiers : &
quelque aſſeurance qu'ils ayent de la mort,
n'en veulent ſortir à quelque compoſicion
que ce ſoit, pour prolonger la vie à ceus que
lon ne peut aſſaillir que apres leur ruïne.
Outre cette afeccion generale, les hommes
en ont quelque particuliere l'un enuers l'autre, & laquelle, moyennant qu'elle n'ait
point le but de gain, ou de plaiſir de ſoymeſme, n'ayant reſpect à celui, que lon ſe dit aymer, eſt en tel eſtime au monde, que lon ha
remarqué ſongneuſement par tous les ſie-
cles ceus, qui ſe ſont trouuez excellés en icelle, les ornant de tous les plus honorables
titres

titres que les hommes peuuent inuenter.
Mesmes ont estimé cette seule vertu estre sufi
sante pour d'un homme faire un Dieu. Ainsi
les Scythes deïfierent Pylade & Oreste, &
leur dresserent temples & autels, les ape-
lans les Dieus d'amitié. Mais auant iceus
estoit Amour, qui les auoit liez & uniz ensemble. Raconter l'opinion, qu'ont les
hommes des parens d'Amour, ne seroit hors
de propos, pour montrer qu'ils l'estiment
autant ou plus, que nul autre des Dieus.
Mais en ce ne sont d'un acord, les vns le
faisant sortir de Chaos & de la Terre : les
autres du Ciel & de la Nuit : aucuns de Di-
scorde & de Zephire : autres de Venus la
vraye mere, l'honorant par ces anciens pe-
res & meres, & par les effets merueilleus que
de tout tems il ha acoutumé montrer. Mais
il me semble que les Grecs d'un seul surnom
qu'ils t'ont donné, Iupiter, t'apelant amiable, témoignent assez que plus ne pouuoient
exaucer Amour, qu'en te faisant participant
de sa nature. Tel est l'honneur que les plus
sauans & plus renommez des hommes donnent à Amour. Le commun populaire le
prise aussi & estime pour les grandes expe-
riences

riences qu'il voit des commoditez, qui prouiennent de lui. Celui qui voit que l'homme
(quelque vertueux qu'il soit) languit en sa
maison, sans l'amiable compagnie d'une femme, qui fidelement lui dispense son bien,
lui augmente son plaisir, ou le tient en bride
doucement, de peur qu'il n'en prenne trop,
pour sa santé, lui ote les facheries, & quelquefois les empesche de venir, l'appaise, l'a-
doucit, le traite sain & malade, le fait auoir
deus corps, quatre bras, deus ames, & plus
parfait que les premiers hommes du banquet de Platon, ne confessera il que l'amour
coniugale est dine de recommandacion ? &
n'atribuera cette felicité au mariage, mais à
l'amour qui l'entretient. Lequel, s'il defaut
en cet endroit, vous verrez l'homme force-
né, fuir & abandonner sa maison. La femme au contraire ne rit iamais, quand elle n'est
en amour auec son mari. Ilz ne sont iamais
en repos. Quãd l'un veut reposer, l'autre crie.
Le bien se dissipe, & vont toutes choses au
rebours. Et est preuue certeine, que la seule
amitié fait auoir en mariage le contentement, que lon dit s'y trouuer. Qui ne dira
bien de l'amour fraternelle, ayant veu Ca-
stor

ſtor & Pollux, l'un mortel eſtre fait immortel à moitié du don de ſon frere: Ce n'eſt pas eſtre frere, qui cauſe cet heur (car peu de freres ſont de telle ſorte) mais l'amour grande qui eſtoit entre eus. Il ſeroit long à diſcourir, comme Ionathas ſauua la vie à Dauid: dire l'hiſtoire de Pythias & Damon: de celui qui quitta ſon eſpouſe à ſon ami la premiere nuit, & s'en fuit vagabond par le monde. Mais pour montrer quel bien vient d'amitié, i'allegueray le dire d'un grand Roy, lequel, ouurant une grenade, interrogué de quelles choſes il voudroit auoir autant, comme il y auoit de grains en la pomme, Reſpondit: de Zopires. C'eſtoit ce Zopire, par le moyen duquel il auoit recouuré Babilone. Vn Scyté demandant en mariage une fille, & ſommé de bailler ſon bien par declaracion, dit: qu'il n'auoit autre bien que deus amis, s'eſtimant aſſez riche auec telle poſſeſſion pour oſer demander la fille d'un grand Signeur en mariage. Et pour venir aus femmes, ne ſauua Ariadne la vie à Theſee? Hypermneſtre à Lyncee? Ne ſe ſont trouuees des armees en danger en païs eſtranges, & ſauuees par l'amitié que quelques Dames

portoient aus Capiteines? des Rois remiz
en leurs principales citez par les intelligen-
ces, que leurs amies leur auoient pratiquees
secretement? Tant y ha de poures soudars,
qui ont esté esleuez par leurs amies es Contez, Duchez, Royaumes qu'elles possedoiét.
Certeinement tant de commoditez proue-
nans aus hommes par Amour ont bien aydé
à l'estimer grand. Mais plus que toute chose,
l'afeccion naturelle, que tous auons à aymer,
nous le fait esleuer & exalter. Car nous vou-
lons faire paroitre, & estre estimé ce à quoy
nous nous sentõs enclins. Et qui est celui des
hommes, qui ne prenne plaisir, ou d'aymer,
ou d'estre aymé? Ie laisse ces Mysanthropes,
& Taupes cachees sous terre, & enseueliz
de leurs bizarries, lesquels auront par moy
tout loisir de n'estre point aymez, puis qu'ils
ne leur chaut d'aymer. S'il m'estoit licite, ie
les vous depeindrois, comme ie les voy descrire aus hommes de bon esprit. Et neanmoins il vaut mieus en dire un mot, à fin de
connoitre combien est mal plaisante & miserable la vie de ceus, qui se sont exemptez
d'Amour. Ils dient que ce sont gens mornes,
sans esprit, qui n'ont grace aucune à parler,
une

une voix rude, un aller penſif, un viſage de
mauuaiſe rencontre, un œil baiſé, creintifs,
auares, impitoyables, ignorans, & n'eſtimans
perſonne : Loups garous. Quand ils entrent
en leur maiſon, ils creingnent que quelcun
les regarde. Incontinent qu'ils ſont entrez,
barrent leur porte, ſerrent les feneſtres, men-
gent ſallement ſans compagnie, la maiſon
mal en ordre : ſe couchent en chapon le
morceau au bec. Et lors à beaus gros bonnets gras de deus doits d'eſpais, la camiſole
atachee auec eſplingues enrouillees iuſques
au deſſous du nombril, grandes chauſſes de
laine venans à mycuiſſe, un oreiller bien
chaufé & ſentant ſa greſſe fondue : le dormir acompagné de toux, & autres tels excre-
mens dont ils rempliſſent les courtines. Vn
leuer peſant, s'il n'y ha quelque argent à receuoir : vieilles chauſſes repetaſſees : ſouliers
de païſant : pourpoint de drap fourré : long
ſaye mal ataché deuant : la robbe qui pend
par derriere iuſques aus eſpaules : plus de four-
rures & peliſſes : calottes & larges bonnets
couurans les cheueus mal pignez : gens plus
fades à voir, qu'un potage ſans ſel à humer.
Que vous en ſemble il ? Si tous les hommes
eſtoient

eſtoient de cette ſorte, y auroit il pas peu de
plaiſir de viure auec eus? Combien plus tot
choiſiriez vous un homme propre, bien en
point,& bien parlant,tel qu'il ne s'eſt pů faire ſans auoir enuie de plaire à quelcun? Qui
ha inuenté un dous & gracieus langage entre les hommes? & ou premierement ha il
eſté employé? ha ce eſté à perſuader de faire
guerre au païs? eſlire un Capiteine? acuſer
ou defendre quelcun? Auant que les guerres
ſe fiſſent, paix, alliances & confederacions
en publiq: auant qu'il fuſt beſoin de Capiteines,auant les premiers iugemens que fites
faire en Athenes, il y auoit quelque maniere plus douce & gracieuſe, que le com-
mun:de laquelle uſerent Orphee,Amphion,
& autres. Et ou en firent preuue les hommes, ſinon en Amour? Par pitié on baille à
manger à une creature, encore qu'elle n'en
demande. On penſe à un malade, encore
qu'il ne veuille guerir. Mais qu'une femme
ou homme d'eſprit, prenne plaiſir à l'aſec-
cion d'une perſonne, qui ne la peut deſcouurir, lui donne ce qu'il ne peut demander,
eſcoute un ruſtique & barbare langage: &
tout tel qu'il eſt, ſentant plus ſon comman-
dement,

dement, qu'amoureuſe priere, celà ne ſe peut
imaginer. Celle, qui ſe ſent aymee, ha quelque autorité ſur celui qui l'ayme: car elle voit
en ſon pouuoir, ce que l'Amant pourſuit,
comme eſtant quelque grand bien & fort
deſirable. Cette autorité veut eſtre reueree
en geſtes, faits, contenances, & paroles. Et de
ce vient, que les Amãs choiſiſſent les façons
de faire, par leſquelles les perſonnes aymees
auront plus d'ocaſion de croire l'eſtime &
reputacion que lon ha d'elles. On ſe compoſe les yeus à douceur & pitié, on adoucit le
front, on amollit le langage, encore que de
ſon naturel l'Amant uſt le regard horrible,
le front deſpité, & langage ſot & rude: car il
ha inceſſammẽt au cœur l'obiect de l'amour,
qui lui cauſe un deſir d'eſtre dine d'en receuoir faueur, laquelle il ſcet bien ne pouuoir
auoir ſans changer ſon naturel. Ainſi entre
les hommes Amour cauſe une connoiſſance
de ſoymeſme. Celui qui ne tache à complaire à perſonne, quelque perfeccion qu'il
ait, n'en ha non plus de plaiſir, que celui qui
porte une fleur dedens ſa manche. Mais celui qui deſire plaire, inceſſamment penſe à
ſon fait: mire & remire la choſe aymee: ſuit

d   les

les vertus, qu'il voit lui eſtre agreables, &
s'adonne aus complexions contraires à ſoymeſme, comme celui qui porte le bouquet
en main, donne certein iugement de quelle
fleur vient l'odeur & ſenteur qui plus lui eſt
agreable. Apres que l'Amant ha compoſé
ſon corps & complexion à contenter l'eſprit
de l'aymee, il donne ordre que tout ce qu'elle verra ſur lui, ou lui donnera plaiſir, ou
pour le moins elle n'y trouuera à ſe fache
De là ha ù ſource la plaiſante inuécio des h
bits nouueaus. Car on ne veut iamais ver
à ennui & laſſeté, qui prouient de voir tou
iours une meſme choſe. L'homme ha tou
iours meſme corps, meſme teſte, meſn
bras, iambes, & piez : mais il les diuerſifie
tant de ſortes, qu'il ſemble tous les iours eſt
renouuelé. Chemiſes parfumees de mile
mile ſortes d'ouurages : bonnet à la ſaiſo
pourpoint, chauſſes iointes & ſerrees, mo
trans les mouuemens du corps bien diſpo
mile façons de bottines, brodequins, eſc
pins, ſouliers, ſayons, caſaquins, robbes, ro
bons, cappes, manteaus : le tout en ſi bon
dre, que rien ne paſſe. Et que dirons no
des femmes, l'habit deſquelles, & l'orneme

de corps, dont elles usent, est fait pour plaire, si iamais rien fut fait. Est il possible de
mieus parer une teste, que les Dames sont
& feront à iamais? auoir cheueus mieus do-
rez, crespes, frizez? acoutrement de teste
mieus seant, quand elles s'acoutreront à l'Es-
pagnole, à la Françoise, à l'Alemande, à l'Ital-
ienne, à la Grecque? Quelle diligence met-
tent elles au demeurant de la face? Laquelle, si elle est belle, ils contregardent tant bien
contre les pluies, vents, chaleurs, tems &
vieillesse, qu'elles demeurent presque tousiours ieunes. Et si elle ne leur est du tout telle, qu'elles la pourroient desirer, par hon-
neste soin la se procurent: & l'ayant moyen-
nement agreable, sans plus grande curiosité,
seulement auec vertueuse industrie la conti-
nuent, selon la mode de chacune nacio, con-
tree, & coutume. Et auec tout celà, l'habit
propre comme la feuille autour du fruit. Et
il y ha perfeccion du corps, ou lineament
qui puisse, ou doiue estre vû & montré, bien
veu le cache l'agencement du vétement: ou,
il est caché, il l'est en sorte, que lon le cuide
plus beau & delicat. Le sein aparoit de tant
plus beau, qu'il semble qu'elles ne le veuil-

d 2   lent

lent estre vù : les mamelles en leur rondeur
releuees font donner un peu d'air au large
estomac. Au reste, la robbe bien iointe, le
corps estreci ou il le faut : les manches fer-
rees, si le bras est massif : si non, larges & bien
enrichies : la chausse tiree : l'escarpin façon-
nant le petit pié (car le plus souuent l'amoureuse curiosité des hommes fait rechercher
la beauté iusques au bout des piez :) tant de
pommes d'or, chaines, bagues, ceintures,
pendans, gans parfumez, manchons : & en
somme tout ce qui est de beau, soit à l'acou-
tremēt des hommes ou des femmes, Amou
en est l'auteur. Et s'il ha si bien trauaillé pou
contenter les yeus, il n'a moins fait aus au
tres sentimens : mais les ha tous emmielle
de nouuelle & propre douceur. Les fleu
que tu fiz, ô Iupiter, naitre es mois de l'a
les plus chaus, sont entre les hommes faite
hybernalles : les arbres, plantes, herbage
qu'auois distribuez en diuers païs, sont pa
l'estude de ceus qui veulent plaire à leur
amies, rassemblez en un verger : & quelque
fois suis contreint, pour ayder à leur afec
cion, leur departir plus de chaleur que l
païs ne le requerroit. Et tout le proufit de ce
n'e

n'eſt que ſe raméteuoir par ces petis preſens
en la bonne grace de ces amis & amies. Di-
ráy ie q̃ la Muſique n'a eſté inuentee que par
Amour? & eſt le chant & harmonie l'effect
& ſigne de l'Amour parfait. Les hommes en
uſent ou pour adoucir leurs deſirs enflam-
mez, ou pour donner plaiſir: pour lequel di-
uerſifier tous les iours ils inuẽtent nouueaus
& diuers inſtrumens de Luts, Lyres, Citres,
Doucines, Violons, Eſpinettes, Flutes, Cor-
nets: chantent tous les iours diuerſes chan-
ſons: & viendront à inuenter madrigalles,
ſonnets, pauanes, paſſemeſes, gaillardes, &
tout en commemoracion d'Amour: comme celui, pour lequel les hommes font plus
que pour nul autre. C'eſt pour lui que lon
fait des ſerenades, aubades, tournois, combats tant à pié qu'à cheual. En toutes leſquelles eutrepriſes ne ſe treuuent que ieunes
gens amoureus: ou s'ils s'en treuuent autres
meſlez parmi, ceus qui ayment emportent
touſiours le pris, & en remercient les Dames, deſquelles ils ont porté les faueurs. Là
auſſi ſe raporteront les Comedies, Tragedies, Ieux, Montres, Maſques, Moreſques.
Dequoy allege un voyageur ſon trauail, que

d 3   lui

lui caufe le long chemin , qu'en chantant
quelque chanfon d'Amour, ou efcoutant de
fon compagnon quelque conte & fortune
amoureufe? L'un loue le bon traitement de
s'amie : l'autre fe pleint de la cruauté de la
fienne. Et mile accidens, qui interuiennent
en amours : lettres defcouuertes , mauuais
raports, quelque voifine ialoufe , quelque
mari qui reuient plus tot que lon ne voudroit : quelquefois s'aperceuant de ce qui fe
fait : quelquefois n'en croyant rien , fe fiant
fur la preudhommie de fa femme : & à fois
efchaper un foufpir auec un changement de
parler : puis force excufes. Brief, le plus grand
plaifir qui foit apres amour, c'eft d'en parler.
Ainfi paffoit fon chemin Apulee, quelque
Filozofe qu'il fuft. Ainfi prennent les plus fe-
ueres hommes plaifir d'ouir parler de ces
propos, encores qu'ils ne le veuillent con-
feffer. Mais qui fait tant de Poëtes au monde en toutes langues? n'eft ce pas Amour?
lequel femble eftre le fuget, duquel tous Poëtes veulent parler. Et qui me fait atribuer la
poëfie à Amour : ou dire, pour le moins,
qu'elle eft bien aydee & entretenue par fon
moyen? c'eft qu'incontinent que les hommes

mes commencent d'aymer, ils escriuét vers.
Et ceus qui ont esté excellens Poëtes, ou en
ont tout rempli leurs liures, ou, quelque autre suget qu'ils ayent pris, n'ont osé toutefois acheuer leur euure sans en faire honorable mencion. Orphee, Musee, Homere, Li-
ne, Alcee, Saphon, & autres Poëtes & Filozofes : comme Platon, & celui qui ha ù le
nom de Sage, ha descrit ses plus hautes concepcions en forme d'amourettes. Et plusieurs autres escriueins voulans descrire autres inuencions, les ont cachees sous semblables propos. C'est Cupidon qui ha gaigné ce point, qu'il faut que chacun chante
ou ses passions, ou celles d'aütrui, ou couure
ses discours d'Amour, sachant qu'il n'y ha
rien, qui le puisse faire mieus estre reçu. Oui-
de ha tousiours dit qu'il aymoit. Petrarque
en son langage ha fait sa seule afeccion aprocher à la gloire de celui, qui ha représenté
toutes les passions, coutumes, façons, & natures de tous les hommes, qui est Homere.
Qu'a iamais mieus chanté Virgile, que les
amours de la Dame de Carthage ? ce lieu
feroit long, qui voudroit le traiter comme il
meriteroit. Mais il me semble qu'il ne se

d 4   peut

peut nier, que l'Amour ne foit caufe aus
hommes de gloire, honneur, proufit, plaifir:
& tel, que fans lui ne fe peut commodément
viure. Pource eft il eftimé entre les humains,
l'honorans & aymans, comme celui qui leur
ha procuré tout bien & plaifir. Ce qui lui ha
efté biẽ aisé, tant qu'il ha ù fes yeus. Mais auiourdhui, qu'il en eft priué, fi Folie fe mefle
de fes afaires, il eft à creindre, & quafi ineui-
table, qu'il ne foit caufe d'autant de vilenie,
incommodité, & defplaifir, comme il ha efté
par le pafsé d'honneur, proufit, & volupté.
Les grans qu'Amour contreingnoit aymer
les petis & les fugetz qui eftoient fous eus,
changeront en forte qu'ils n'aymeront plus
que ceus dont ils en penferont tirer feruice.
Les petis, qui aymoient leurs Princes & Signeurs, les aymeront feulement pour faire
leurs befongnes, en efperance de fe retirer
quand ils feront pleins. Car ou Amour voudra faire cette harmonie entre les hautes &
baffes perfonnes, Folie fe trouuera pres, qui
l'empefchera : & encore es lieus ou il fe fera
ataché. Quelque bon & innocent qu'il foit,
Folie lui meflera de fon naturel : tellement
que ceus qui aymeront, feront toufiours
quelq

quelque tour de fol. Et plus les amitiez feront eftroites, plus s'y trouuera il de defordre quand Folie s'y mettra. Il retournera plus d'une Semiramis, plus d'une Biblis, d'une Mirrha, d'une Canace, d'une Phedra. Il n'y aura lieu faint au monde. Les hauts murs & treilliz garderont mal les Veftales. La vieilleffe tournera fon venerable & paternel amour, en fols & iuuenils defirs. Honte fe perdra du tout. Il n'y aura difcrecion entre noble, païfant, infidele, ou More, Dame, maitreffe, feruante. Les parties feront fi inegales, que les belles ne rencontreront les beaus, ains feront coniointes le plus fouuent auec leurs diffemblables. Grands Dames aymeront quelquefois ceus dont ne daigneroient eftre feruies. Les gens d'efprit s'abuferont autour des plus laides. Et quand les poures & loyaus amans auront langui de l'amour de quelque belle : lors Folie fera iouir quelque auolé en moins d'une heure du bien ou l'autre n'aura pù ateindre. Ie laiffe les noifes & querelles, qu'elle dreffera par tout, dont s'en enfuiura bleffures, outrages, & meurtres. Et ay belle peur, qu'au lieu, ou Amour ha inuenté tant de fciences, & pro-

duit

duit tant de bien, qu'elle n'ameine auec foy
quelque grãde oifiueté acompagnee d'ignorance : qu'elle n'empefche les ieunes gens
de fuiure les armes & de faire feruice à leur
Prince : ou de vaquer à eftudes honorables:
qu'elle ne leur mefle leur amour de paroles
deteftables, chanfons trop vileines, iuron-
gnerie & gourmandife : qu'elle ne leur fu-
fcite mile maladies, & mette en infiniz dangers de leurs perfonnes. Car il n'y ha point
de plus dangereufe compagnie que de Folie. Voila les maus, qui font à creindre, fi Folie fe trouue autour d'Amour. Et s'il auenoit
que cette mefchãte le vouluft empefcher ça
haut, que Venus ne vouluft plus rendre un
dous afpect auec nous autres, que Mercure
ne vouluft plus entretenir nos alliances,
quelle confufion y auroit il ? Mais i'ay promis ne parler que de ce qui fe fait en terre.
Or donq, Iupiter, qui t'apele pere des hommes, qui leur es auteur de tout bien, leur
donnes la pluie quand elle eft requife, fei-
ches l'humidité fuperabondante : confidere
ces maus qui font preparez aus hommes,
fi Folie n'eft feparee d'Amour. Laiffe Amour
fe refiouir en paix entre les hommes : qu'il
soit

soit loisible à un chacun de converser privé-
ment & domestiquement les personnes qu'il
aymera, sans que personne en ait creinte ou
soupson : que les nuits ne chassent, sous pre-
texte des mauuaises langues, l'ami de la maison de s'amie : que lon puisse mener la femme de son ami, voisin, parent, ou bon semblera, en telle seurté que l'honneur de l'un
ou l'autre n'en soit en rien ofensé. Et à ce
que personne n'ait plus mal en teste, quand
il verra telles priuautez, fais publier par toute la Terre, non à son de trompe ou par ata-
ches mises aus portes des temples, mais en
metant au cœur de tous ceus qui regarde-
ront les Amans, qu'il n'est possible qu'ils
vousissent faire ou penser quelque Folie.
Ainsi auras tu mis tel ordre au fait auenu,
que les hommes auront ocasion de te louer
& magnifier plus que iamais, & feras beaucoup pour toy & pour nous. Car tu nous
auras deliurez d'une infinité de pleintes, qui
autrement nous seront faites par les hommes, des esclandres que Folie amoureuse fera au monde. Ou bien si tu aymes mieus remettre les choses en l'estat qu'elles estoient,
contreins les Parques & Destinees (si tu y

as

as quelque pouuoir) de retourner leurs fufeaus, & faire en forte qu'à ton commande-
ment,& à ma priere,& pour l'amour de Venus, que tu as iufques ici tant cherie & aymee, & pour les plaifirs & contentemens
que tous tant que nous fommes,auons reçuz
& receuons d'Amour, elles ordonnent, que
les yeus feront rendus à Cupidon,& la bande otee:à ce que le puiffions voir encore un
coup en fon bel & naïf eftre, piteus de tous
les cotez dont on le fauroit regarder, &
riant d'un feulement. O Parques, ne foyez
à ce coup inexorables que lon ne die que
vos fufeaus ont efté miniftres de la cruelle
vengeance de Folie. Ceci n'empefchera
point la fuite des chofes à venir. Iupiter com-
pofera tous ces trois iours en un, comme il
fit les trois nuits, qu'il fut auec Alcmene.
Ie vous apelle, vous autres Dieus, & vous
Deeffes, qui tant auez porté & portez
d'honneur à Venus. Voici l'endroit ou lui
pouuez rendre les faueurs que d'elle auez
reçues. Mais de qui plus dois ie efperer,que
de toy, Iupiter? laifferas tu plorer en vain la
plus belle des Deeffes? n'auras tu pitié de
l'angoiffe qu'endure ce poure enfant dine de

meil

meilleure fortune ? Aurons nous perdu nos
veuz & prieres ? Si celles des hommes te peuuent forcer, & t'ont fait plusieursfois tomber des mains, sans mal faire, la foudre que
tu auois contre eus preparee : quel pouuoir
auront les notres, ausquels as communiqué
ta puissance & autorité ? Et te prians pour
personnes, pour lesquelles toymesme (si tu
ne tenois le lieu de commander) prierois
volontiers : & en la faueur desquelles (si ie
puis sauoir quelque secret des choses futu-
res) feras, possible, apres certeines reuolu-
cions, plus que ne demandons, assugetissant
à perpetuité Folie à Amour,& le faisant plus
cler voyant que nul autre des Dieus.I'ay dit.

*Incontinent qu'Apolon ut fini son acusacion, toute
la compagnie des Dieus par un fremissement, se
montra auoir compassion de la belle Deesse là pré-
sente, & de Cupidon son fils. Et ussent volontiers
tout sur lheure condamné la Deesse Folie: Quand
l'equitable Iupiter par une magesté Imperiale
leur commanda silence, pour ouir la defense de
Folie enchargee à Mercure, lequel commença à
parler ainsi:*

MERCVRE. N'atendez point, Iupi-
ter, & vous autres Dieus inmortels, que ie
commence mon oraison par excuses (comme

me quelquefois font les Orateurs, qui creingnent eſtre blamez, quand ils ſoutiennent
des cauſes apertemét mauuaiſes,) de ce qu'ay
pris en main la defenſe de Folie, & meſmes
contre Cupidon, auquel ay en pluſieurs endrois porté tant d'obeïſſance, qu'il auroit
raiſon de m'eſtimer tout ſien : & ay tant aymé la mere, que n'ay iamais eſpargné mes
allees & venues, tant qu'ay penſé lui faire quelque choſe agreable. La cauſe, que ie
defens, eſt ſi iuſte, que ceus meſmes qui ont
parlé au contraire, apres m'auoir ouy, changeront d'opinion. L'iſſue du diferent, comme i'eſpere, ſera telle, que meſme Amour
quelque iour me remercira de ce ſeruice, que
contre lui ie fay à Folie. Cette queſtion eſt
entre deus amis, qui ne ſont pas ſi outrez
l'un enuers l'autre, que quelque matin ne ſe
puiſſent reconcilier, & prendre plaiſir l'un
de l'autre, comme au parauant. Si à l'apetit
de l'un, vous chaſſez l'autre, quand ce deſir
de vengeance ſera paſſé (laquelle incontinent qu'elle eſt acheuee commence à deſ-
plaire:) ſi vous ordonnez quelque cas contre
Folie, Amour en aura le premier regret. Et
n'eſtoit cette ancienne amitié & aliance de
ces

ces deus, meintenant auerſaires, qui les faiſoit ſi uniz & conioins, que iamais n'auez
fait faueur à l'un, que l'autre ne s'en ſoit ſen-
ti : ie me deſierois bien que puſſiez donner
bon ordre ſur ce diferent, ayans tous ſuïui
Amour fors Pallas : laquelle eſtant ennemie
capitale de Folie, ne ſeroit raiſon qu'elle vouluſt iuger ſa cauſe. Et toutefois n'eſt Folie ſi
inconnue ceans, qu'elle ne ſe reſſente d'auoir
ſouuentefois eſté la bien venue, vous apor-
tant touſiours auec ſa troupe quelques cas
de nouueau pour rendre vos banquets &
feſtins plus plaiſans. Et penſe que tous ceus
de vous, qui ont aymé, ont auſſi bonne ſou-
uenance d'elle, que de Cupidon meſme.
Dauantage elle vous croit tous ſi equitables
& raiſonnables, qu'encore que ce fait fuſt le
votre propre, ſi n'en feriez vous que la raiſon.
I'ay trois choſes à faire. Defendre la teſte de
Folie, contre laquelle Amour ha iuré: reſpon
dre aus acuſacions que i'entens eſtre faites à
Folie : & à la demande qu'il fait de ſes yeus.
Apolon, qui ha ſi long tems ouy les cauſeurs
à Romme, ha bien retenu d'eus à conter
touſiours à ſon auantage. Mais Folie, comme
elle eſt touſiours ouuerte, ne veut point que
i'en

i'en diffimule rien : & ne vous en veut dir
qu'un mot fans art , fans fard & ornemen
quelconque. Et , à la pure verité , Folie fe
iouant auec Amour, ha pafsé deuant lui pou
gaïgner le deuant, & pour venir plus to
vous donner plaifir. Amour eft entré en colere. Lui & elle fe font pris de paroles. Amou
la taché naurer de fes armes qu'il portoit
Folie s'eft defendue des fiennes, dont elle ne
s'eftoit chargee pour bleffer perfonne , mais
pource que ordinairement elle les porte. Car,
comme vous fauez , ainfi qu'Amour tire au
cœur , Folie auffi fe gette aus yeus & à la
tefte, & n'a autres armes que fes doits. Amou
ha voulu montrer qu'il auoit puiffance fur le
cœur d'elle. Elle lui ha fait connoitre qu'elle
auoit puiffance de lui oter les yeus. Il ne fe
pleingnoit que de la deformité de fon vifa-
ge. Elle efmue de pitié la lui ha couuert d'une
bande à ce que lon n'aperçuft deus trou
vuides d'iceus , enlaidiffans fa face. On di
que Folie ha fait double iniure à Amour : pre
mierement, de lui auoir creué les yeus : fe
condement, de lui auoir mis ce bandeau. On
exaggere le crime fait à une perfonne ayme
d'une perfonne, dont plufieurs ont afaire. 1
                                        fau

faut refpondre à ces deus iniures. Quant à
la premiere, Ie dy : que les loix & raifons
humaines ont permis à tous fe defendre
contre ceus qui les voudroient ofenfer, tellement que ce, que chacun fait en fe defen-
dant, eft eftimé bien & iuftemēt fait. Amour
ha efté l'agreffeur. Car combien que Folie
ait premierement parlé à Amour, ce n'eftoit
toutefois pour quereler, mais pour s'esbatre,
& fe iouer à lui. Folie s'eft defendue. Duquel
coté eft le tort? Quand elle lui uft pis fait, ie
ne voy point comment on lui en uft pù rien
demander. Et fi ne voulez croire qu'Amour
ait efté l'agreffeur, interroguez le. Vous verrez qu'il reconnoitra verité. Et n'eft chofe
incroyable en fon endroit de commencer
tels brouilliz. Ce n'eft d'auiourdhui, qu'il ha
efté fi infuportable, quand bon lui ha femblé.
Ne s'ataqua il pas à Mars, qui regardoit Vulcan forgeant des armes, & tout foudein le
bleffa? & n'y ha celui de cette compagnie,
qui n'ait efté quelquefois las d'ouir ces bra-
fades. Folie rit toufiours, ne penfe fi auant
nus chofes, ne marche fi auant pour eftre la
premiere, mais pource qu'elle eft plus pronte
& hatiue. Ie ne fay que fert d'alleguer la coutume

e   tume

tume toleree à Cupidon de tirer de fon arc
ou bon lui femble. Car quelle loy ha il plus
de tirer à Folie, que Folie n'a de s'adreffer à
Amour? Il ne lui ha fait mal: neanmoins il
s'en eft mis en fon plein deuoir. Quel mal
ha fait Folie, rengeant Amour, en forte qu'il
ne peut plus nuire, fi ce n'eft d'auenture?
Que fe treuue il en eus de capital? y ha il
quelque guet à pens, ports darmes, congre-
gacions illicites, ou autres chofes qui puiffent tourner au defordre de la Republique?
C'eftoit Folie & un enfant, auquel ne falloit
auoir egard. Ie ne fay comment te prendre
en cet endroit, Apolon. S'il eft fi ancien, il
doit auoir apris à eftre plus modefte, qu'il
n'eft: & s'il eft ieune, aufli eft Folie ieune, &
fille de Ieuneffe. A cette caufe, celui qui eft
blefsé, en doit demeurer là. Et dorenauant
que perfonne ne fe prenne à Folie. Car elle
ha, quand bon lui femblera, dequoy venger
fes iniures: & n'eft de fi petit lieu, qu'elle
doiue foufrir les ieuneffes de Cupidon. Quã
à la feconde iniure, que Folie lui ha mis vn
bandeau, ceci eft vne pure calomnie. Car en
lui bandãt le deffous du frõt, Folie iamais ne
penfa lui agrandir fon mal, ou lui oter le re-
                                    med

mede de guerir. Et quel meilleur témoignage faut il, que de Cupidon mefme? Il ha
trouué bon d'eftre bandé : il ha connu qu'il
auoit efté agreffeur, & que l'iniure proue-
noit de lui : il ha reçu cette faueur de Folie.
Mais il ne fauoit pas qu'il fuft de tel pouuoir. Et quand il uft fù, que lui uft nuy de le
prendre? Il ne lui deuoit iamais eftre oté:par
confequent donq ne lui deuoient eftre fes
yeus rendus. Si fes yeus ne lui deuoient eftre
rendus, que lui nuit le bandeau? Que bien
tu te montres ingrat à ce coup, fils de Venus, quand tu calomnies le bon vouloir que
i'ay porté, & interpretes à mal ce que ie
t'ay fay pour bien. Pour agrauer le fait, on
dit que c'eftoit en lieu de franchife. Auffi
eftoit ce en lieu de franchife, qu'Amour
auoit affailli. Les autels & temples ne font
fuentez à ce qu'il foit loifible aus mefchans
y tuer les bons, mais pour fauuer les infor-
tunez de la fureur du peuple, ou du courrous d'un Prince. Mais celui qui pollue la
franchife, n'en doit il perdre le fruit? S'il uft
bien fuccedé à Amour, comme il vouloit, &
uft bleffé cette Dame, ie croy qu'il n'uft pas
voulu que lon lui uft imputé ceci. Le femblable

blable faut qu'il treuue bon en autrui. Folie
m'a defendu que ne la fiſſe miſerable,que ne
vous ſupliaſſe pour lui pardonner, ſi faute y
auoit:m'a defendu le plorer,n'embraſſer vos
genous, vous adiurer par les gracieus yeus,
que quelquefois auez trouuez agreables ue-
rüns d'elle , ny amener ſes parens, enfans,
amis,pour vous eſmouuoir à pitié. Elle vous
demande ce que ne lui pouuez refuſer , qu'il
ſoit dit : qu'Amour par ſa faute meſme eſt
deuenu aueugle. Le ſecond point qu'Apolon ha touché,c'eſt qu'il veut eſtre faites de-
fenſes à Folie de n'aprocher dorenauant
Amour de cent pas à la ronde. Et ha fondé
ſa raiſon ſur ce, qu'eſtant en honneur & reputacion entre les hommes, leur cauſant
beaucoup de bien & plaiſirs,ſi Folie y eſtoit
meſlee, tout tourneroit au contraire. Mon
intencion ſera de montrer qu'en tout cela
Folie n'eſt rien inferieure à Amour,& qu'A-
mour ne ſeroit rien ſans elle:& ne peut eſtre
& regner ſans ſon ayde.Et pource qu'Amour
ha commencé à montrer ſa grandeur par
ſon ancienneté, ie feray le ſemblable:& vous
prieray reduire en memoire comme incontinent que l'homme fut mis ſur terre,il com-
menç

mença ſa vie par Folie : & depuis ſes ſucceſſeurs ont ſi bien continué, que iamais Dame n'ut tant bon credit au monde. Vray eſt
qu'au commencement les hommes ne faiſoient point de hautes folies, auſſi n'auoient
ils encores aucuns exemples deuant eus.
Mais leur folie eſtoit à courir l'un apres l'autre : à monter ſus un arbre pour voir de plus
loin : rouler en la vallee : à menger tout leur
fruit en un coup : tellement que l'hiuer n'a-
uoient que menger. Petit à petit ha cru Folie auec le tems. Les plus eſuentez d'entre
eus, ou pour auoir reſcous des loups & autres beſtes ſauuages, les brebis de leurs voiſins & compagnons, ou pour auoir defendu
quelcun d'eſtre outragé, ou pource qu'ils ſe
ſentoient ou plus forts, ou plus beaus, ſe ſont
fait couronner Rois de quelque feuillage de
Cheſne. Et croiſſant l'ambicion, non des
Rois, qui gardoient fort bien en ce tems les
Moutons, Beufs, Truies & Aſneſſes, mais de
quelques mauuais garnimens qui les ſui-
uoient, leur viure ha eſté ſeparé du commun.
Il ha fallu que les viandes fuſſent plus deli-
cates, l'habillement plus magnifique. Si les
autres uſoient de laiton, ils ont cherché un

e 3   metal

metal plus precieus, qui eſt l'or. Ou l'or eſtoit
commun, ils l'ont enrichi de Perles, Rubis,
Diamans, & de toutes ſortes de pierreries.
Et, ou eſt la plus grand' Folie, ſi le commun
ha ù une loy, les grans en ont pris d'autres
pour eus. Ce qu'ils ont eſtimé n'eſtre licite
aus autres, ſe le ſont penſé eſtre permis. Folie ha premierement mis en teſte à quelcun
de ſe faire creindre : Folie ha fait les autres
obeïr. Folie ha inuenté toute l'excellence,
magnificence & grandeur, qui depuis à cette cauſe s'en eſt enſuiuie. Et neanmoins, qui
ha il plus venerable entre les hommes, que
ceus qui commandent aus autres? Toymeſ-
me, Iupiter, les apelles paſteurs de Peuples:
veus qu'il leur ſoit obeï ſous peine de la vie:
& neanmoins l'origine eſt venue par cette
Dame. Mais ainſi que touſiours as acoutumé faire, tu as conuerti à bien ce que les
hommes auoient inuenté à mal. Mais, pour
retourner à mon propos, quels hommes ſont
plus honorez que les fols? Qui fut plus fol
qu'Alexandre, qui ſe ſentant ſoufrir faim,
ſoif, & quelquefois ne pouuant cacher ſon
vin, ſuget à eſtre malade & bleſsé, neanmoins ſe faiſoit adorer comme Dieu? Et
que

quel nom est plus celebre entre les Rois:
quelles gens ont esté pour un tems en plus
grande reputacion, que les Filozofes? Si en
trouuerez vous peu, qui n'ayent esté abruuez
de Folie. Combien pensez vous qu'elle ait
de fois remué le cerueau de Chrysippe? Ari-
stote ne mourut il de dueil, comme un fol,
ne pouuant entendre la cause du flus & re-
flus de l'Euripe? Crate, getant son tresor en
la mer, ne fit il un sage tour? Empedocle qui
se fust fait immortel sans ses sabots d'erain,
en auoit il ce qui lui en failloit? Diogene
auec son tonneau: & Aristippe qui se pensoit grand Filozofe, se fachant bien ouy d'un
grand Signeur, estoient ils sages? Ie croy qui
regarderoit bien auant leurs opinions, que
lon les trouueroit aussi crues, comme leurs
cerueaus estoient mal faits. Combien y ha il
d'autres sciences au monde, lesquelles ne
sont que pure resuerie? encore que ceus qui
en font professions, soient estimez grans personnages entre les hommes? Ceus qui font
des maisons au Ciel, ces geteurs de points,
faiseurs de characteres, & autres semblables,
ne doiuent ils estre mis en ce reng? N'est à
estimer cette fole curiosité de mesurer le

e 4   Ciel,

Ciel, les Eſtoiles, les Mers, la Terre, conſu-
mer ſon tems à conter, getter, aprendre mile
petites queſtions, qui de ſoy ſont foles : mais
neanmoins reſiouiſſent l'eſprit : le font apa-
roir grand & ſubtil autant que ſi c'eſtoit en
quelque cas d'importance. Ie n'aurois iamais fait, ſi ie uoulois raconter combien
d'honneur & de reputacion tous les iours ſe
donne à cetre Dame, de laquelle vous dites
tant de mal. Mais pour le dire en un mot:
Mettez moy au monde un homme totale-
ment ſage d'un coté, & un fol de l'autre : &
prenez garde lequel ſera plus eſtimé. Mon-
ſieur le ſage atendra que lon le prie, & de-
meurera auec ſa ſageſſe tout ſeul, ſans que
lon l'apelle à gouuerner les Viles, ſans que
lon l'apelle en conſeil : il voudra eſcouter, aller poſément ou il ſera mandé:& on ha afaire de gens qui ſoient pronts & diligens, qui
faillent plus tot que demeurer en chemin.
Il aura tout loiſir d'aller planter des chous.
Le fol ira tant & viendra, en donnera tant à
tort & à trauers, qu'il rencontrera en fin
quelque cerueau pareil au ſien qui le pouſ-
ſera:& ſe fera eſtimer grand homme. Le fol
ſe mettra entre dix mile harquebuzades, &
poſſib

possible en eschapera : il sera estimé, loué, prisé, suiui d'un chacun. Il dressera quelque entreprise esceruelee, de laquelle s'il retourne, il sera mis iusques au ciel. Et trouuerez vray, en somme, que pour un homme sage, dont on parlera au monde, y en aura dix mile fols qui seront à la vogue du peuple. Ne vous sufit il de ceci? assembleráy ie les maus qui seroient au monde sans Folie, & les commoditez qui prouiennêt d'elle? Que dureroit mesme le monde, si elle n'empeschoit q̃ lon ne preuit les facheries & hazars qui sont en mariage? Elle empesche q̃ lon ne les voye & les cache : à fin que le monde se peuple tousiours à la maniere acoutumee. Combien dureroient peu aucuns mariages, si la sottise des hommes ou des femmes laissoit voir les vices qui y sont? Qui ust trauersé les mers, sans auoir Folie pour guide? se commettre à la misericorde des vents, des vagues, des bancs, & rochers, perdre la terre de vuë, aller par voyes inconnues, trafiquer auec gens barbares & inhumains, dont est il premierement venu, que de Folie? Et toutefois par là, sont communiquees les richesses d'un païs à autre, les sciences, les façons de faire,

e 5 & ha

& ha esté connue la terre , les proprietez , & natures des herbes, pierres & animaus. Quelle folie fuft ce d'aller fous terre chercher le fer & l'or ? combien de meftiers faudroit il chaffer du monde, fi Folie en eftoit bannie? la plus part des hommes mourroiét de faim: Dequoy viuroient tant d'Auocats , Procureurs, Greffiers, Sergens, Iuges, Meneftriers, Farfeurs, Parfumeurs , Brodeurs, & dix mile autres meftiers ? Et pource qu'Amour s'eft voulu munir , tant qu'il ha pù , de la faueur d'un chacun, pour faire trouuer mauuais que par moy feule il ait reçu quelque infortune, c'et bien raifon qu'apres auoir ouy toutes fes vanteries, ie lui conte à la verité de mon fait. Le plaifir, qui prouient d'Amour , confifte quelquefois ou en une feule perfonne, ou bien, pour le plus , en deus, qui font, l'amant & l'amie. Mais le plaifir que Folie donne, n'a fi petites bornes. D'un mefme paffetems elle fera rire une grande compagnie. Autrefois elle fera rire un homme feul de quelque penfee, qui fera venue donner à la trauerfe. Le plaifir que donne Amour , eft caché & fecret : celui de Folie fe communique à tout le monde. Il eft fi recreatif, que

le

e feul nom efgaie une perfonne. Qui verra
un homme enfariné auec une boffe derriere
entrer en falle, ayant une contenance de fol,
ne rira il incontinent? Que lon nommé
quelque fol infigne, vous verrez qu'à ce nom
quelcun fe refiouira, & ne pourra tenir le rire. Tous autres actes de Folie font tels, que
lon ne peut en parler fans fentir au cœur
quelque allegreffe, qui desfache un homme
& le prouoque à rire. Au contraire, les chofes fages & bien compofees, nous tiennent
premierement en admiracion: puis nous fou
ient & ennuient. Et ne nous feront tant de
bien, quelques grandes que foient & ceri-
monieufes, les affemblees des grans Signeurs
& fages, que fera quelque folatre compagnie
de ieunes gens deliberez, & qui n'auront en-
femble nul refpet & confideracion. Seulement icelle voir, refueille les efprits de l'ame,
& les rend plus difpos à faire leurs naturelles
operacions: Ou, quand on fort de ces fages
affemblees, la tefte fait mal: on eft las tant
d'efprit que de corps, encore que lon ne foit
bougé de fus une fellette. Toutefois, ne faut
eftimer que les actes de Folie foient toufiours
ainfi legers comme le faut des Bergers, qu'ils
font

font pour l'amour de leurs amies: ny auſſi de
liberez comme les petites gayetez des Satires: ou comme les petites ruſes que font les
Paſtourelles, quand elles font tomber ceus
qui paſſent deuant elles, leur donnant par
derriere la iambette, ou leur chatouillant leur
ſommeil auec quelque branche de cheſne.
Elle en ha, qui ſont plus ſeueres, faits auec
grande premeditacion, auec grand artifice,
& par les eſprits plus ingenieus. Telles ſont
les Tragedies que les garçons des vilages
premierement inuenterent: puis furent auec
plus heureus ſoin aportees es viles. Les
Comedies ont de là pris leur ſource. La ſalta-
cion n'a ù autre origine: qui eſt une repre-
ſentacion faite ſi au vif de pluſieurs & diuerſes hiſtoires, que celui, qui n'oit la voix des
chantres, qui acompagnent les mines du
ioueur, entent toutefois non ſeulement l'hiſtoire, mais les paſſions & mouuemens: &
penſe entendre les paroles qui ſont conue-
nables & propres en tels actes: &, comme
diſoit quelcun, leurs piez & mains parlans.
Les Bouffons qui courent le monde, en tiennent quelque choſe. Qui me pourra dire,
s'il y ha choſe plus fole, que les anciennes
fables

ables contenües es Tragedies, Comedies, &
Saltacions? Et comment se peuuent exem-
pter d'estre nommez fols, ceus qui les repre-
sentent, ayans pris, & prenans tant de peines à se faire sembler autres qu'ils ne sont? Est
il besoin reciter les autres passetems, qu'a
inuentez Folie pour garder les hommes de
languir en oisiueté? N'a elle fait faire les
somptueus Palais, Theatres, & Amphithea-
tres de magnificence incroyable, pour laisser témoignage de quelle sorte de folie chacun en son tems s'esbatoit? N'a elle esté in-
uentrice des Gladiateurs, Luiteurs, & Athle-
tes? N'a elle donné la hardiesse & dexterité
telle à l'homme, que d'oser, & pouuoir combatre sans armes un Lion, sans autre necessi-
té ou atente, que pour estre en la grace &
faueur du peuple? Tant y en ha qui assail-
lent les Taureaus, Sangliers, & autres bestes,
pour auoir l'honneur de passer les autres en
folie : qui est un combat, qui dure non seulement entre ceus qui viuent de mesme
tems, mais des successeurs auec leurs prede-
cesseurs. N'estoit ce un plaisant cõbat d'An-
toine auec Cleopatra, à qui dépendroit le
plus en un festin? Et tout cela seroit peu, si

les

les hommes ne trouuans en ce monde plus
fols qu'eus, ne dreſſoient querelle contre les
morts. Ceſar ſe fachoit qu'il n'auoit encore
commencé à troubler le monde en l'aage,
qu'Alexandre le grand en auoit vaincu une
grande partie. Combien Luculle & autres,
ont ils laiſſé d'imitateurs, qui ont taché à les
paſſer, ſoit à traiter les hommes en grand
apareil, à amonceler les plaines, aplanir les
montaignes, ſeicher les lacs, mettre ponts ſur
les mers (comme Claude Empereur) faire
Coloſſes de bronze & pierre, arcs trionfans,
Pyramides? Et de cette magnifique folie en
demeure un long tems grand plaiſir entre
les hommes, qui ſe deſtournent de leur chemin, font voyages expres, pour auoir le contentement de ces vieilles folies. En ſomme,
ſans cette bonne Dame l'homme ſeicheroit
& feroit lourd, malplaiſant & ſongeart. Mais
Folie lui eſueille l'eſprit, fait chanter, danſer,
ſauter, habiller en mile façons nouuelles, leſquelles changent de demi an en demi an,
auec touſiours quelque aparence de raiſon,
& pour quelque commodité. Si lon inuente
un habit ioint & rond, on dit qu'il eſt plus
ſeant & propre : quand il eſt ample & large,

ge, plus honnefte. Et pour ces petites folies, & inuencions, qui font tant en habillemens qu'en contenances & façons de faire, l'homme en eft mieus venu, & plus agreable aus Dames. Et comme i'ay dit des hommes, il y aura grand' diference entre le recueil que trouuera un fol, & un fage. Le fage fera aifsé fur les liures, ou auec quelques anciennes matrones à deuifer de la diffolucion des habits, des maladies qui courent, ou à demefler quelque longue genealogie. Les ieunes Dames ne cefferôt qu'elles n'ayét en leur compagnie ce gay & ioly cerueau. Et combien qu'il en pouffe l'une, pinfe l'autre, defcoiffe, leue la cotte, & leur face mile maus: fi le chercheront elles toufiours. Et quand ce viendra à faire comparaifon des deus, le fage fera loué d'elles, mais le fol iouira du fruit de leurs priuautez. Vous verrez les Saes mefmes, encore qu'il foit dit que lon herche fon femblable, tomber de ce coté. Quand ils feront quelq affemblee, toufiours donneront charge que les plus fols y foient, eftimant pouuoir eftre bonne compagnie, s'il n'y ha quelque fol pour refueiller les aures. Et combien qu'ils s'excufent fur les femmes

mes & ieunes gens, si ne peuuent ils dissimu-
ler le plaisir qu'ils y prennent, s'adressans
tousiours à eus, & leur faisant visage plus
riant, qu'aus autres. Que te semble de Folie, Iupiter? Est elle telle, qu'il la faille enseuelir sous le mont Gibel, ou exposer au lieu
de Promethee, sur le mont de Caucase? Est
il raisonnable la priuer de toutes bonnes
compagnies, ou Amour sachant qu'elle sera,
pour la facher y viendra, & conuiendra que
Folie, qui n'est rien moins qu'Amour, lui
quitte la place? S'il ne veut estre auec Folie,
qu'il se garde de s'y trouuer. Mais que cette
peine, de ne s'assembler point, tombe sur elle, ce n'est raison. Quel propos y auroit il,
qu'elle ust rendu une compagnie gaie & de-
liberee, & que sur ce bon point la falust des-
loger? Encore s'il demandoit que le premier
qui auroit pris la place, ne fust empesché par
l'autre, & q̃ ce fust au premier venu, il y auroi
quelque raison. Mais ie lui montreray que
iamais Amour ne fut sans la fille de Ieunesse
& ne peut estre autrement: & le grand dom
mage d'Amour, s'il auoit ce qu'il demande
Mais c'est une petite colere, qui lui ronge l
cerueau, qui lui fait auoir ces estranges afec
cions

cions : lefquelles ceſſeront quand il ſera un peu refroidi. Et pour commencer à la belle premiere naiſſance d'Amour , qui ha il plus deſpourüu de ſens , que la perſonne à la moindre ocaſion du mõde viẽne en Amour, en receuant une pomme comme Cydipe? en liſanr un liure, comme la Dame Françiſque de Rimini ? en voyant , en paſſant , ſe rende ſi tot ſerue & eſclaue , & conçoiue eſperance de quelque grand bien ſans ſauoir s'il en y ha? Dire que c'eſt la force de l'œil de la choſe aymee , & que de là ſort une ſutile euaporacion, ou ſang, que nos yeus reçoiuent, & entre iuſques au cœur : ou, comme pour loger-un nouuel hoſte , faut pour lui trouuer ſa place, mettre tout en deſordre. Ie ſay que chacun le dit : mais s'il eſt vray, i'en doute. Car pluſieurs ont aymé ſans auoir ù cette ocaſion, comme le ieune Gnidien, qui ayma l'euure fait par Praxitelle. Quelle influxion pouuoit il receuoir d'un œil marbrin? Quelle ſympathie y auoit il de ſon naturel chaud & ardent par trop , auec une froide & morte pierre ? Qu'eſt ce donq qui l'enflammoit? Folie, qui eſtoit logee en ſon eſprit. Tel feu eſtoit celui de Narciſſe. Son

f   œil

œil ne receuoit pas le pur sang & sutil de son cœur mesme : mais la fole imaginacion du beau pourtrait, qu'il voyoit en la fonteine, le tourmentoit. Exprimez tant que voudrez la force d'un œil : faites le tirer mile traits par iour : n'oubliez qu'une ligne qui passe par le milieu, iointe auec le sourcil, est un vray arc : que ce petit humide, que lon voit luire au milieu, est le trait prest à partir : si est ce que toutes ces flesches n'iront en autres cœurs, que ceus que Folie aura preparez. Que tant de grans personnages, qui ont esté & sont de present, ne s'estiment estre iniuriez, si pour auoir aymé ie les nomme fols. Qu'ils se prennent à leurs Filozofes, qui ont estimé Folie estre priuacion de sagesse, & sagesse estre sans passions : desquelles Amour ne sera non plus tot destitué, que la Mer d'ondes & vagues : vray est, qu'aucuns dissimulét mieus leur passion : & s'ils s'en trouuent mal, c'est une autre espece de Folie. Mais ceus qui montrent leurs afeccions estans plus grandes que les secrets de leurs poitrines, vous rendront & exprimeront une si viue image de Folie, qu'Apelle ne la sauroit mieus tirer au vif. Ie vous prie imaginer

giner un ieune homme, n'ayant grand afaire, qu'à se faire aymer : pigné, miré, tiré, parfumé : se pensant valoir quelque chose, sortir de sa maison le cerueau embrouillé de
mile consideracions amoureuses : ayant dis-
couru mile bons heurs, qui passeront bien
loin des cotes : suiui de pages & laquais ha-
billez de quelque liurée representant quelque trauail, fermeté, & esperance : & en
cette sorte viendra trouuer sa Dame à l'Eglise : autre plaisir n'aura qu'à geter force œil-
lades, & faire quelque reuerence en passant.
Et que sert ce seul regard? Que ne va il en
masque pour plus librement parler? Là se
fait quelque habitude, mais auec si peu de
demonstrance du coté de la Dame, que rien
moins. A la longue il vient quelque priuauté : mais il ne faut encore rien entreprendre,
qu'il n'y ait plus de familiarité. Car lors on
n'ose refuser d'ouir tous les propos des hommes, soient bons ou mauuais. On ne creint
ce que lon ha acoutumé voir. On prent plaisir à disputer les demandes des poursuiuans.
Il leur semble que la place qui parlemente,
est demi gaignee. Mais s'il auient, que, comme les femmes prennent volontiers plaisir à

f 2 voir

voir debatre les hommes, elles leur ferment
quelquefois rudement la porte , & ne les
apellent à leurs petites priuautez , comme elles souloient, voilà mon homme aussi
loin de son but comme n'a gueres s'en pensoit pres. Ce sera à recommencer. Il faudra trouuer le moyen de se faire prier d'a-
compagner sa Dame en quelque Eglise, aus
ieus, & autres assemblees publiques. Et ce
pendant expliquer ses passions par soupirs
& paroles tremblantes : redire cent fois une
mesme chose : protester, iurer , promettre à
celle qui possible ne s'en soucie, & est tournee ailleurs & promise. Il me semble que
seroit folie parler des sottes & plaisantes
Amours vilageoises : marcher sur le bout du
pié, serrer le petit doit : apres que lon ha
bien bu, escrire sur le bout de la table auec
du vin , & entrelasser son nom & celui de
s'amie : la mener premiere à la danse, & la
tourmenter tout un iour au Soleil. Et encore ceus, qui par longues alliances, ou par entrees ont pratiqué le moyen de voir leur
amie en leur maison , ou de leur vôisin , ne
viennent en si estrange folie, que ceus qui
n'ont faueur d'elles qu'aus lieus publiques
& fest

& feſtins : qui de cent ſoupirs n'en peuuent
faire connoitre plus d'un ou deus le mois :
& neanmoins penſent que leurs amies les
doiuent tous conter. Il faut auoir touſiours
pages aus eſcoutes, ſauoir qui va, qui vient,
corrompre des chambrieres à beaus deniers,
perdre tout un iour pour voir paſſer Mada-
me par la rue, & pour toute remuneracion,
auoir un petit adieu auec quelque ſouzris,
qui le fera retourner chez ſoy plus content,
que quand Vlyſſe vid la fumee de ſon Itaque.
Il vole de ioye : il embraſſe l'un, puis l'autre :
chante vers : compoſe, fait s'amie la plus
belle qui ſoit au monde, combien que poſſible ſoit laide. Et ſi de fortune ſuruient quelque ialouſie, comme il auient le plus ſouuent, on ne rit, on ne chante plus : on de-
uient penſif & morne : on connoit ſes vices
& fautes : on admire celui que lon penſe
eſtre aymé : on parangonne ſa beauté, grace, richeſſe, auec celui duquel on eſt ialous :
puis ſoudein on le vient à deſpriſer : qu'il
n'eſt poſſible, eſtant de ſi mauuaiſe grace,
qu'il ſoit aymé : qu'il eſt impoſſible qu'il face
tant ſon deuoir que nous, qui languiſſons,
mourons, brulons d'Amour. On ſe pleint, ón

f 3   apelle

apelle s'amie cruelle, variable : lon se lamente de son malheur & destinee. Elle n'en
fait que rire, ou lui fait acroire qu'à tort il se
pleint : on trouue mauuaises ses querelles,
qui ne viennent que d'un cœur soupson-
neus & ialous : & qu'il est bien loin de son
conte : & qu'autant lui est de l'un que de
l'autre. Et lors ie vous laisse penser qui ha du
meilleur. Lors il faut connoitre que lon ha
failli par bien seruir, par masques magnifi-
ques, par deuises bien inuentees, festins, banquets. Si la commodité se trouue, faut se faire paroitre par dessus celui dont on est ialous. Il faut se montrer liberal : faire present
quelquefois de plus que lon n'a : incontinent
qu'on s'aperçoit que lon souhaite quelque
chose, l'enuoyer tout soudein, encores qu'on
n'en soit requis : & iamais ne confesser que
lon soit poure. Car c'est une tresmauuaise
compagne d'Amour, que Poureté : laquelle
estant suruenue, on connoit sa folie, & lon
s'en retire à tard. Ie croy que ne voudriez
point ressembler encore à cet Amoureus,
qui n'en ha que le nom. Mais prenons le cas
que lon lui rie, qu'il y ait quelque recipro-
que amitié, qu'il soit prié se trouuer en quel-

que

que lieu : il penſe incontinent qu'il ſoit fait,
qu'il receura quelque bien, dont il eſt bien
loin : vne heure en dure cent : on demande
plus de fois quelle heure il eſt: on fait ſemblãt
d'eſtre demandé : & quelque mine que lon
face, on lit au viſage qu'il y ha quelque paſſion vehemente. Et quand on aura bien couru, on trouuera que ce n'eſt rien, & que
c'eſtoit pour aller en compagnie ſe promener ſur l'eau, ou en quelque iardin : ou auſſi
tot un autre aura faueur de parler à elle que
lui, qui ha eſté conuié. Encore ha il ocaſion
de ſe contenter, à ſon auis. Car ſi elle n'uſt
plaiſir de le voir, elle ne l'uſt demandé en ſa
compagnie. Les plus grandes & hazardeu-
ſes folies ſuiuent touſiours l'acroiſſement
d'Amour. Celle qui ne penſoit qu'à ſe louer
au commencement, ſe trouue priſe. Elle ſe
laiſſe viſiter à heure ſuſpecte. En quels dangers ? D'y aller acompagné, ſeroit declarer
tout. Y aller ſeul, eſt hazardeus. Ie laiſſe les
ordures & infeccions, dont quelquefois on
eſt parfumé. Quelquefois ſe faut deſguiſer
en portefaix, en cordelier, en femme : ſe faire
porter dens un coffre à la merci d'un gros
vilain, que s'il ſauoit ce qu'il porte, le lairroit

f 4   tomber

comber pour auoir fondé fon fol faix. Quelquefois ont efté furpris, batuz, outragez, &
ne s'en ofe lon vanter. Il fe faut guinder par
feneftres, par fus murailles, & toufiours en
danger, fi Folie n'y tenoit la main. Encore
ceus cy ne font que des mieus payez. Il y en
ha qui rencontrent Dames cruelles, defquel-
les iamais on n'obtient merci. Autres font fi
rufees, qu'apres les auoir menez iufques aupres du but, les laiffent là. Que font ils? apres
auoir longuement foupiré, ploré & crié, les
uns fe rendent Moynes : les autres abandon-
nent le païs : les autres fe laiffent mourir. Et
penferiez vous, que les amours des femmes
foient de beaucoup plus fages? les plus froi-
des fe laiffent bruler dedens le corps auant
que de rien auouer. Et combien qu'elles vou-
fiffent prier, fi elles ofoient, elles fe laiffent
adorer : & toufiours refufent ce qu'elles voudroient bien que lon leur otaft par force.
Les autres n'atendent que l'ocafion : & heureus qui la peut rencontrer : Il ne faut auoir
creinte d'eftre efconduit. Les mieus nees ne
fe laiffent veincre, que par le tems. Et fe connoiffant eftre aymees, & endurant en fin le
femblable mal qu'elles ont fait endurer à autrui,

trui, ayant fiance de celui auquel elles ſe deſ-
couurent, auouent leur foibleſſe, confeſſent
le feu qui les brule : toutefois encore un peu
de honte les retient , & ne ſe laiſſent aller,
que vaincues, & conſumees à demi. Et auſſi
quand elles ſont entrees une fois auant, elles
ſont de beaus tours. Plus elles ont reſiſté à
Amour, & plus s'en treuuent priſes. Elles fer-
mét la porte à raiſon. Tout ce qu'elles crein-
gnoient , ne le doutent plus. Elles laiſſent
leurs ocupacions muliebres. Au lieu de filer,
coudre, beſongner au point, leur eſtude eſt
ſe bien parer, promener es Egliſes, feſtes, &
banquets pour auoir touſiours quelque rencontre de ce qu'elles ayment. Elles prennent
la plume & le lut en main: eſcriuent & chantent leurs paſſions : & en fin croit tant cette
rage, qu'elles abandonnét quelquefois pere,
mere, maris, enfans, & ſe retirent ou eſt leur
cœur. Il n'y ha rien qui plus ſe fache d'eſtre
contreint, qu'une femme : & qui plus ſe con-
treingne, ou elle ha enuie montrer ſon afeccion. Ie voy ſouuentefois une femme, laquelle n'a trouué la ſolitude & priſon d'enuiron
ſept ans longue , eſtant auec la perſonne
qu'elle aymoit. Et combien que nature ne

lui vſt nié pluſieurs graces, qui ne la faiſoient indine de toute bonne compagnie; ſi eſt ce qu'elle ne vouloit plaire à autre qu'à celui qui la tenoit priſonniere. I'en ay connu une autre, laquelle abſente de ſon ami, n'alloit iamais dehors qu'acompagnee de quelcun des amis & domeſtiques de ſon bien aymé: voulant touſiours rendre témoignage de la foy qu'elle lui portoit. En ſomme, quand cette afeccion eſt imprimee en un cœur genereus d'une Dame, elle y eſt ſi forte, qu'à peine ſe peut elle efacer. Mais le mal eſt, que le plus ſouuent elles rencontrent ſi mal, que plus ayment, & moins ſont aymees. Il y aura quelcun, qui ſera bien aiſe leur donner martel en teſte, & fera ſemblant d'aymer ailleurs, & n'en tiendra conte. Alors les pourettes entrent en eſtranges fantaſies : ne peuuent ſi aiſément ſe defaire des hommes, comme les hommes des femmes, n'ayans la commodité de s'eſlongner & cōmencer autre parti, chaſſans Amour auec autre Amour. Elles blament tous les hommes pour un. Elles apellent foles celles qui ayment. Maudiſſent le iour que premieremēt elles aymerēt. Proteſtēt de iamais n'aymer: mais celà ne

leur

leur dure gueres. Elles remettent incontinent deuant les yeus ce qu'elles ont tant aymé. Si elles ont quelque enseigne de lui, elles la baisent, rebaisent, sement de larmes, s'en font un cheuet & oreiller, & s'escoutent elles mesmes pleingnantes leurs miserables destresses. Combien en vóy ie, qui se retirent iusques aus Enfers, pour eslaier si elles pourront, comme iadis Orphee, reuoquer leurs amours perdues? Et en tous ces actes, quels traits trouuez vous que de Folie? Auoir le cœur separé de soymesme, estre meintenant en paix, ores en guerre, ores en treues, couurir & cacher sa douleur: changer visage mile fois le iour: sentir le sang qui lui rougit la face, y montant: puis soudein s'enfuit, la laissant palle, ainsi que honte, esperance, ou peur, nous gouuernent: chercher ce qui nous tourmente, feingnant le fuir. Et neanmoins auoir creinte de le trouuer: n'auoir qu'un petit ris entre mile soupirs: se tromper soymesme: bruler de loin, geler de pres: un parler interrompu: un silence venant tout à coup: ne sont ce tous signes d'un homme aliené de son bon entendement? Qui excusera Hercule deuidant les pelo-

tons

tons d'Omphale ? Le sage Roy Hebrieu
auec cette grande multitude de femmes:
Annibal s'abatardiſſant autour d'une Dame:
& mains autres, que iournellement voyons
s'abuſer tellement, qu'ils ne ſe connoiſſent
eus meſmes. Qui en eſt cauſe, ſinon Folie:
Car c'eſt celle en ſomme, qui fait Amour
grand & redouté : & le fait excuſer, s'il fait
quelque choſe autre que de raiſon. Recon-
nois donq, ingrat Amour, quel tu es, & de
combien de biens ie te ſuis cauſe ? Ie te fay
grand : ie te fay eſleuer ton nom : voire & ne
t'uſſent les hommes reputé Dieu ſans moy.
Et apres que t'ay touſiours acompagné, tu
ne me veus ſeulement abandonner, mais me
veus renger à cette ſugeccion de fuir tous
les lieus ou tu ſeras. Ie croy auoir ſatisfait à
ce qu'auois promis montrer : que iuſques ici
Amour n'auoit eſté ſans Folie. Il faut paſſer
outre, & montrer qu'impoſſible eſt d'eſtre
autrement. Et pour y entrer : Apolon, tu me
confeſſeras, qu'Amour n'eſt autre choſe
qu'un deſir de iouir, auec une conionccion,
& aſſemblement de la choſe aymee. Eſtant
Amour deſir, ou, quoy que ce ſoit, ne pouuant eſtre ſans deſir : il faut confeſſer qu'in-
contin

continent que cette paſſion viét ſaiſir l'homme, elle l'altere & immue. Car le deſir inceſſamment ſe demeine dedens l'ame, la
poingnant touſiours & reſueillant. Cette agi-
tacion d'eſprit, ſi elle eſtoit naturelle, elle
ne l'afligeroit de la ſorte qu'elle fait : mais,
eſtant contre ſon naturel, elle le malmeine,
en ſorte qu'il ſe fait tout autre qu'il n'eſtoit.
Et ainſi en ſoy n'eſtant l'eſprit à ſon aiſe,
mais troublé & agité, ne peut eſtre dit ſage
& poſé. Mais encore fait il pis : car il eſt
contreint ſe deſcouurir : ce qu'il ne fait que
par le miniſtere & organe du corps & membres d'icelui. Et eſtant vne fois acheminé, il
faut que le pourſuiuant en amours face deus
choſes : qu'il donne à connoitre qu'il ayme:
& qu'il ſe face aymer. Pour le premier, le
bien parler y eſt bien requis : mais ſeul ne
ſuffira il. Car le grand artifice, & douceur
inuſitee, fait ſoupſonner pour le premier
coup, celle qui l'oit : & la fait tenir ſur ſes
gardes. Quel autre témoignage faut il ? Touſiours l'ocaſion ne ſe preſente à combatre
pour ſa Dame, & defendre ſa querelle. Du
premier abord vous ne vous ofrirez à lui
yder en ſes afaires domeſtiques. Si faut il
faire

faire à croire que lon est passionné. Il faut
long tems, & long seruice, ardentes prieres,
& côformité de complexions. L'autre point
que l'Amant doit gaigner, c'est se faire aymer : lequel prouient en partie de l'autre.
Car le plus grand enchantement, qui soit
pour estre aymé, s'est aymer. Ayez tant de
sufumigacions, tant de characteres, adiura-
cions, poudres, & pierres, que voudrez :
mais si sauez bien vous ayder, montrant &
declarant votre amour : il n'y aura besoin
de ces estranges receptes. Donq pour se faire aymer, il faut estre aymable. Et non sim-
plement aymable, mais au gré de celui qui
est aymé : auquel se faut renger, & mesure
tout ce que voudrez faire ou dire. Soyez
paisible & discret. Si votre Amie ne vous
veut estre telle, il faut changer voile, & naui-
guer d'un autre vent : ou ne se mesler poin
d'aymer. Zethe & Amphion ne se pouuoiē
acorder, pource que la vacacion de l'un ne
plaisoit à l'autre. Amphion ayma mieu
changer, & retourner en grace auec son frere. Si la femme que vous aymez est auare
il faut se transmuer en or, & tomber ainsi er
son sein. Tous les seruiteurs & amis d'Ata-
lant

anta eſtoient chaſſeurs, pource qu’elle y pre
noit plaiſir. Pluſieurs femmes, pour plaire à
leurs Poëtes amis, ont changé leurs paniers
& coutures, en plumes & liures. Et certes il
eſt impoſſible plaire, ſans ſuiure les afec-
tions de celui que nous cherchons. Les triſtes ſe fachent d’ouir chanter. Ceus, qui ne
veulent aller que le pas, ne vont volontiers
auec ceus qui touſiours voudroiént courir.
Or me dites, ſi ces mutacions contre notre
naturel ne ſont vrayes folies, ou non exem-
tes d’icelle? On dira qu’il ſe peut trouuer
des complexions ſi ſemblables, que l’Amant
n’aura point de peine de ſe transformer es
heurs de l’Aymee. Mais ſi cette amitié eſt
tant douce & aiſee, la folie ſera de s’y plaire
trop: en quoy eſt bien dificile de mettre
ordre. Car ſi c’eſt vray amour, il eſt grand
& vehement, & plus fort que toute raiſon.
Et, comme le cheual ayant la bride ſur le
col, ſe plonge ſi auant dedens cette douce
amertume, qu’il ne penſe aus autres parties
de l’ame, qui demeurent oiſiues: & par une
repentance tardiue, apres un long tems
temoigne à ceus qui l’oyent, qu’il ha eſté
tel comme les autres. Or ſi vous ne trouuez
folie

folie en Amour de ce coté là, dites moy en
tre vous autres Signeurs , qui faites tan
profeſſion d'Amour, ne confeſſez vous, qu
Amour cherche union de ſoy auec la choſ
aymee? qui eſt bien le plus fol deſir du mon
de : tant par ce, que le cas auenant, Amou
faudroit par ſoymeſme , eſtant l'Amant &
l'Aymé confonduz enſemble, que auſſi il e
impoſſible qu'il puiſſe auenir , eſtant les e
peces & choſes indiuidues tellemēt ſeparee
l'une de l'autre, qu'elles ne ſe peuuent plu
conioindre , ſi elles ne changent de form
Alleguez moy des branches d'arbres qui s'u
niſſent enſemble. Contez moy toùtes ſort
d'Antes, que iamais le Dieu des iardins ii
uenta. Si ne trouuerez vous point que deu
hommes ſoient iamais deuenuz en un : &
ſoit le Gerion à trois corps tant que voudre
Amour donq ne fut iamais ſans la comp
gnie de Folie : & ne le ſauroit iamais eſtr
Et quand il pourroit ce faire , ſi ne le deur
il pas ſouhaiter : pource que lon ne tiendr
conte de lui à la fin. Car quel pouuoir a
roit il, ou quel luſtre, s'il eſtoit pres de ſage
ſe ? Elle lui diroit, qu'il ne faudroit aym
l'un plus que l'autre : ou pour le moins n'
fa

faire semblant de peur de scandalifer quelcun. Il ne faudroit rien faire plus pour l'un
que pour l'autre : & feroit à la fin Amour ou
aneanti, ou deuifé en tant de pars, qu'il feroit bien foible. Tant s'en faut que tu doiues
eftre fans Folie, Amour, que fi tu es bien
confeillé, tu ne redemanderas plus tes yeus.
Car il ne t'en eft befoin, & te peuuent nuire
beaucoup: defquels fi tu t'eftois bien regardé quelquefois, toymefme te voudrois mal.
Penfez vous qu'un foudart, qui va à l'affaut,
penfe au foffé, aus ennemis, & mile harquebuzades qui l'atendent? non. Il n'a autre
but, que paruenir au haut de la brefche : &
im'imagine point le refte. Le premier qui fe
mit en mer, n'imaginoit pas les dangers qui
y font. Penfez vous que le ioueur péfe iamais
reperdre? Si font ils tous trois au hazard d'eftre
priuez, noyez, & deftruiz. Mais quoy, ils ne
ftroyent, & ne veulent voir ce qui leur eft dom
mageable. Le femblable eftimez des Amans:
que fi iamais ils voyent, & entendent clerement le peril ou ils font, combien ils font
trompez & abufez, & quelle eft l'efperance
qui les fait toufiours aller auant, iamais n'y
n'demeureroient une feule heure. Ainfi fe per-
fa   g   droit

droit ton regne, Amour : lequel dure par ignorance, nonchaillance, esperance, & cecité, qui font toutes damoiselles de Folie, lui faifans ordinaire compagnie. Demeure donq en paix, Amour : & ne vien rompre l'anciennne ligue qui eft entre toy & moy : combien que tu n'en fuffes rien iufqu'à prefent. Et n'eftime que ie t'aye creué les yeus, mais que ie t'ay montré, que tu n'en auois aucun ufage auparauant, encore qu'ils te fuffent à la tefte que tu as de prefent. Refte de te prier, Iupiter, & vous autres Dieus, de n'auoir point refpect aus noms (comme ie fay que n'aurez) mais regarder à la verité & dinité des chofes. Et pourtant, s'il eft plus honorable entre les hommes dire un tel ayme, que, il eft fol : que celà leur foit imputé à ignorance. Et pour n'auoir en commun la vraye intelligence des chofes, n'y pù donner noms felon leur vray naturel, mais au contraire auoir baillé beaus nós à laides chofes, & laids aus belles, ne delaiffez, pour ce, à me conferuer Folie en fa dinité & grandeur. Ne laiffez perdre cette belle Dame, qui vous ha donné tant de contentement auec Genie, Ieuneffe, Bacchus, Silene, & ce gentil Gardien

dien des iardins. Ne permetez facher celle,
que vous auez conseruee iusques ici sans
rides, & sans pas un poil blanc. Et n'otez, à
l'apetit de quelque colere, le plaisir d'entre
les hommes. Vous les auez otez du Royaume de Saturne : ne les y faites plus entrer:&,
soit en Amour, soit en autres afaires, ne les
enuiez, si pour apaiser leurs facheries, Folie
les fait esbatre & s'esiouir.   I'ay dit.

*Quand Mercure ut fini la defense de Folie, Iupiter
voyant les Dieus estre diuersemēt afeccionnez, &
en contrarietez d'opinions, les uns se tenās du coté
de Cupidon, les autres se tournans à aprouuer la
cause de Folie : pour apointer le diferent, và pro-
noncer un arrest interlocutoire en cette maniere:*

Pour la dificulté & importance de vos diferens,& diuersité d'opinions,nous auons re-
misvotre afaire d'ici à trois fois,sept fois,neuf
siecles.Et ce pendant vous commandons viure amiablement ensemble,sans vous outrager l'un l'autre. Et guidera Folie l'aueugle
Amour, & le conduira par tout ou bon lui
semblera.Et sur la restituciõ de ses yeus,apres
en auoir parlé aus Parques, en sera ordonné.

Fin du debat d'Amour & de Folie.

g 2

ELEGIES.

ELEGIE I.

Au tems qu' Amour, d'hommes & Dieus vainqueur,
Faisoit bruler de sa flamme mon cœur,
En embraßant de sa cruelle rage
Mon sang, mes os, mon esprit & courage:
Encore lors ie n'auois la puißance
De lamenter ma peine & ma souffrance.
Encor Phebus, ami des Lauriers vers,
N'auoit permis que ie fiße des vers:
Mais meintenant que sa fureur diuine
Remplit d'ardeur ma hardie poitrine,
Chanter me fait, non les bruians tonnerres
De Iupiter, ou les cruelles guerres,
Dont trouble Mars, quand il veut, l'Vniuers.
Il m'a donné la lyre, qui les vers
Souloit chanter de l'Amour Lesbienne:
Et à ce coup pleurera de la mienne.
O dous archet, adouci moy la voix,
Qui pourroit fendre & aigrir quelquefois,
En recitant tant d'ennuis & douleurs,
Tant de despits fortunes & malheurs.
Trempe l'ardeur, dont iadis mon cœur tendre
Fut en brulant demi reduit en cendre.

Ie sen

Ie ſen deſia un piteus ſouuenir,
Qui me contreint la larme à l'œil venir.
Il m'eſt auis que ie ſen les alarmes,
Que premiers i'u d'Amour, ie voy les armes,
Dont il s'arma en venant m'aſſaillir.
C'eſtoit mes yeus, dont tant faiſois ſaillir
De traits, à ceus qui trop me regardoient,
Et de mon arc aſſez ne ſe gardoient.
Mais ces miens traits ces miens yeus me defirent,
Et de vengeance eſtre exemple me firent.
Et me moquant, & voyant l'un aymer,
L'autre bruler & d'Amour conſommer:
En voyant tant de larmes eſpandues,
Tant de ſoupirs & vrieres perdues,
Ie n'aperçu que ſoudein me vint prendre
Le meſme mal que ie ſoulois reprendre:
Qui me perſa d'une telle furie,
Qu'encor n'en ſuis apres long tems guerie:
Et meintenant me ſuis encor contreinte
De rafreſchir d'une nouuelle pleinte
Mes maus paſſez. Dames, qui les lirez,
De mes regrets auec moy ſoupirez.
Poſſible, un iour ie feray le ſemblable,
Et ayderay votre voix pitoyable
A vos trauaus & peines raconter,
Au tems perdu vainement lamenter.
Quelque rigueur qui loge en votre cœur,
Amour s'en peut un iour rendre vainqueur.
Et plus aurez lui eſté ennemies,
Pis vous fera, vous ſentant aſſeruies.

g 3   N'eſtimez.

N'estimez point que lon doiue blamer
Celles qu'à fait Cupidon enflamer.
Autres que nous, nonobstant leur hautesse,
Ont enduré l'amoureuse rudesse:
Leur cœur hautein, leur beauté, leur lignage,
Ne les ont su preseruer du seruage
De dur Amour : les plus nobles esprits
En sont plus fors & plus soudein espris.
Semiramis, Royne tant renommee,
Qui mit en route auecques son armee
Les noirs squadrons des Ethiopiens,
Et en montrant louable exemple aus siens
Faisoit couler de son furieus branc
Des ennemis les plus braues le sang,
Ayant encor enuie de conquerre
Tans ses voisins, ou leur mener la guerre,
Trouua Amour, qui si fort la pressa,
Qu'armes & loix veincue elle laissa.
Ne meritoit sa Royalle grandeur
Au moins auoir un moins fascheus malheur
Qu'aymer son fils ? Royne de Babylonne
Ou est ton cœur qui es combaz resonne?
Qu'est deuenu ce fer & cet escu,
Dont tu rendois le plus braue veincu?
Ou as tu mis la Marciale creste,
Qui obombroit le blond or de ta teste?
Ou est l'espee, ou est cette cuirasse,
Dont tu rompois des ennemis l'audace?
Ou sont fuiz tes coursiers furieus,
Lesquels trainoient ton char victorieus?

T'a pù si tot un foible ennemi rompre?
Ha pù si tot ton cœur viril corrompre,
Que le plaisir d'armes plus ne te touche:
Mais seulement languis en une couche?
Tu as laissé les aigreurs Marciales,
Pour recouurer les douceurs geniales.
Ainsi Amour de toy t'a estrangee,
Qu'on te diroit en une autre changee,
Donques celui lequel d'amour esprise
Pleindre me voit, que point il ne mesprise
Mon triste deuil: Amour, peut estre, en brief
En son endroit n'aparoitra moins grief.
Telle i'ay vù qui auoit en ieunesse
Blamé Amour: apres en sa vieillesse
Bruler d'ardeur, & pleindre tendrement
L'âpre rigueur de son tardif tourment.
Alors de fard & eau continuelle
Elle essayoit se faire venir belle,
Voulant chasser le ridé labourage,
Que l'aage auoit graué sur son visage.
Sur son chef gris elle auoit empruntee
Quelque perruque, & assez mal antee:
Et plus estoit à son gré bien fardee,
De son Ami moins estoit regardee:
Lequel ailleurs fuiant n'en tenoit conte,
Tant lui sembloit laide, & auoit grand honte
D'estre aymé d'elle. Ainsi la poure vieille
Receuoit bien pareille pour pareille.
De maints en vain un tems fut reclamee,
Ores qu'elle ayme, elle n'est point aymee.

Ainsi

Ainsi Amour prend son plaisir, à faire
Que le vueil d'un soit à l'autre contraire.
Tel n'ayme point, qu'une Dame aymera:
Tel ayme aussi, qui aymé ne sera:
Et entretient, neanmoins, sa puissance
Et sa rigueur d'une vaine esperance.

ELEGIE II.

D'un tel vouloir le serf point ne desire
La liberté, ou son port le nauire,
Comme i'atens, helas, de iour en iour
De toy, Ami, le gracieux retour.
Là i'auois mis le but de ma douleur,
Qui fineroit, quand i'aurois ce bon heur
De te reuoir : mais de la longue atente,
Helas, en vain mon desir se lamente.
Cruel, Cruel, qui te faisoit promettre
Ton brief retour en ta premiere lettre?
As tu si peu de memoire de moy,
Que de m'auoir si tot rompu la foy?
Comme ose tu ainsi abuser celle
Qui de tout tems t'a esté si fidelle?
Or que tu es aupres de ce riuage
Du Pau cornu, peut estre ton courage
S'est embrasé d'une nouuelle flame,
En me changeant pour prendre vne autre Dame:
Ià en oubli inconstamment est mise
La loyauté que tu m'auois promise.
S'il est ainsi, & que desia la foy
Et la bonté se retirent de toy:

11

Il ne me faut emerueiller si ores
Toute pitié tu as perdu encores.
O combien ha de pensee & de creinte,
Tout aparsoy, l'ame d'Amour ateinte!
Ores ie croy, vù nôtre amour passee,
Qu'impoßible est, que tu m'aies laissee:
Et de nouuel ta foy ie me fiance,
Et plus qu'humeine estime ta cônstance.
Tu es, peut estre, en chemin inconnu
Outre ton gré malade retenu.
Ie croy que non : car tant suis coutumiere
De faire aus Dieus pour ta santé prier,
Que plus cruels que tigres ils seroient,
Quand maladie ils te prochasseroient:
Bien que ta fole & volage inconstance
Meriteroit auoir quelque soufrance.
Telle est ma foy, qu'elle pourra sufire
A te garder d'auoir mal & martire.
Celui qui tient au haut Ciel son Empire
Ne me sauroit, ce me semble, desdire:
Mais quand mes pleurs & larmes entendroit
Pour toy prians, son ire il retiendroit.
I'ay de tout tems vescu en son seruice,
Sans me sentir coulpable d'autre vice
Que de t'auoir bien souuent en son lieu
D'amour forcé, adoré comme Dieu.
Desia deus fois depuis le promis terme,
De ton retour, Phebe ses cornes ferme,
Sans que de bonne ou mauuaise fortune
De toy, Ami, i'aye nouuelle aucune.

Si toutefois, pour estre enamouré
En autre lieu, tu as tant demeuré,
Si sçay ie bien que t'amie nouuelle
A peine aura le renom d'estre telle,
Soit en beauté, vertu, grace & faconde,
Comme plusieurs gens sauans par le monde
M'ont fait à tort, ce croy ie, estre estimee.
Mais qui pourra garder la renommee?
Non seulement en France suis flatee,
Et beaucoup plus, que ne veus, exaltee.
La terre aussi que Calpe & Pyrenee
Auec la mer tiennent onuironnee,
Du large Rhin les roulantes areines,
Le beau païs auquel or' te promeines,
Ont entendu (tu me l'as fait à croire)
Que gens d'esprit me donnent quelque gloire.
Goute le bien que tant d'hommes desirent:
Demeure au but ou tant d'autres aspirent:
Et croy qu'ailleurs n'en auras une telle.
Ie ne dy pas qu'elle ne soit plus belle:
Mais que iamais femme ne t'aymera,
Ne plus que moy d'honneur te portera.
Maints grans Signeurs à mon amour pretendent,
Et à me plaire & seruir prets se rendent,
Ioutes & ieus, maintes belles deuises
En ma faueur sont par eus entreprises:
Et neanmoins, tant peu ie m'en soucie,
Que seulement ne les en remercie:
Tu es tout seul, tout mon mal & mon bien:
Auec toy tout, & sans toy ie n'ay rien:

Et n'ayant rien qui plaise à ma pensee,
De tout plaisir me treuue delaissee,
Et pour plaisir, ennui saisir me vient.
Le regretter & plorer me conuient,
Et sur ce point entre en tel desconfort,
Que mile fois ie souhaite la mort.
Ainsi, Ami, ton absence lointeine
Depuis deus mois me tient en cette peine,
Ne viuant pas, mais mourant d'une Amour
Lequel m'occit dix mile fois le iour.
Reuien donq tot, si tu as quelque enuie
De me reuoir encor' un coup en vie.
Et si la mort auant ton arriuee
Ha de mon corps l'aymante ame priuee,
Au moins un iour vien, habillé de dueil,
Enuironner le tour de mon cercueil.
Que plust à Dieu que lors fussent trouuez
Ces quatre vers en blanc marbre engrauez.

PAR TOY, AMI, TANT VESQVI ENFLAMM
QV'EN LANGVISSANT PAR FEV SVIS CONS
QVI COVVE ENCOR SOVS MA CENDRE EMB
SI NE LA RENS DE TES PLEVRS APAIZE

ELEGIE III.

Quand vous lirez, ô Dames Lionnoises,
Ces miens escrits pleins d'amoureuses noises,
Quand mes regrets, ennuis, desspits & larmes
M'orrez chanter en pitoyables carmes,
Ne veuillez point condamner ma simplesse,
Et ieune erreur de ma fole ieunesse,

Si c'est erreur : mais qui deſſous les Cieux
Se peut vanter de n'eſtre vicieux?
L'un n'eſt content de ſa ſorte de vie,
Et touſiours porte à ſes voiſins enuie:
L'un forcenant de voir la paix en terre,
Par tous moyens tache y mettre la guerre:
L'autre croyant poureté eſtre vice,
A autre Dieu qu'Or, ne fait ſacrifice:
L'autre ſa foy pariure il emploira
A deceuoir quelcun qui le croira:
L'un en mentant de ſa langue lezarde.
Mile brocars ſur l'un & l'autre darde:
Ie ne ſuis point ſous ces planettes nee,
Qui m'uſſent pû tant faire infortunee.
Onques ne fut mon œil marri, de voir
Chez mon voiſin mieux que chez moy pleuuoir.
Onq ne mis noiſe ou diſcord entre amis:
A faire gain iamais ne me ſournis.
Mentir, tromper, & abuſer autrui,
Tant m'a deſplu, que meſdire de lui.
Mais ſi en moy rien y ha d'imparfait,
Qu'on blame Amour : c'eſt lui ſeul qui l'a fait.
Sur mon verd aage en ſes laqs il me prit,
Lors qu'exerçoi mon corps & mon eſprit
En mile & mile euures ingenieuſes,
Qu'en peu de tems me rendit ennuieuſes.
Pour bien ſauoir auec l'eſguille peindre
I'uſſe entrepris la renommee eſteindre
De celle là, qui plus docte que ſage,
Auec Pallas comparoit ſon ouurage.

Qui

Qui m'uft vù lors en armes fiere aller,
Porter la lance & bois faire voler,
Le deuoir faire en l'eſtour furieus,
Piquer, volter le chenal glorieus,
Pour Bradamante, ou la haute Marphiſe,
Seur de Roger, il m'uft, poſſible, priſe.
Mais quoy ? Amour ne put longuement voir,
Mon cœur n'aymant que Mars & le ſauoir:
Et me voulant donner autre ſouci,
En ſouriant, il me diſoit ainſi:
Tu penſes donq, ô Lionnoiſe Dame,
Pouuoir fuir par ce moyen ma flame:
Mais non feras, i'ay ſubiugué les Dieus
Es bas Enfers, en la Mer & es Cieus.
Et penſes tu que n'aye tel pouuoir
ſur les humains, de leur faire ſauoir
Qu'il n'y ha rien qui de ma main eſchape?
Plus fort ſe penſe & plus tot ie le frape.
De me blamer quelquefois tu n'as honte,
En te fiant en Mars dont tu fais conte:
Mais meintenant, voy ſi pour perſiſter
En le ſuiuant me pourras reſiſter.
Ainſi parloit, & tout eſchaufé d'ire
Hors de ſa trouſſe une ſagette il tire,
Et decochant de ſon extreme force,
Droit la tira contre ma tendre eſcorce,
Foible harnois, pour bien couurir le cœur,
Contre l'Archer qui touſiours eſt vainqueur.
La breſche faite, entre Amour en la place,
Dont le repos premierement il chaſſe:

Et de

Et de trauail qui me donne sans cesse,
Boire, menger, & dormir ne me laisse.
Il ne me chaut de soleil ne d'ombrage:
Ie n'ay qu'Amour & feu en mon courage,
Qui me desguise, & fait autre paroitre,
Tant que ne peu moymesme me connoitre.
Ie n'auois vù encore seize Hiuers,
Lors que i'entray en ces ennuis diuers:
Et ià voici le treiziéme Esté
Que mon cœur fut par Amour arresté.
Le tems met fin aus hautes Pyramides,
Le tems met fin aus fonteines humides:
Il ne pardonne aus braues Colisees,
Il met à fin les viles plus prisees:
Finir aussi il ha acoutumé
Le feu d'Amour tant soit il allumé:
Mais, las! en moy il semble qu'il augmente
Auec le tems, & que plus me tourmente.
Paris ayma Oenone ardemment,
Mais son amour ne dura longuement:
Medee fut aymee de Iason,
Qui tot apres la mit hors sa maison.
Si meritoient elles estre estimees,
Et pour aymer leurs Amis, estre aymees.
S'estant aymé on peut Amour laisser
N'est il raison, ne l'estant, se lasser?
N'est il raison te prier de permettre,
Amour, que puisse à mes tourmens fin mettre?
Ne permets point que de Mort face espreuue,
Et plus que toy pitoyable la treuue:

Ma

Mais si tu veus que i'ayme iusqu'au bout,
Say que celui que i'estime mon tout,
Qui seul me peut faire plorer & rire,
Et pour lequel si souuent ie soupire,
Sente en ses os, en son sang, en son ame,
Ou plus ardente, ou bien egale flame.
Alors ton faix plus aisé me sera,
Quand auec moy quelcun le portera.

F I N.

Ma

SONNETS.

I.

Non hauria Vlysse o qualunqu'altro mai
  Piu accorto fù, da quel diuino aspetto
  Pien di gratie, d'honor & di rispetto
  Sperato qual i sento affanni e guai.
Pur, Amour, co i begliochi tu fatt'hai
  Tal piaga dentro al mio innocente petto,
  Di cibo & di calor gia tuo ricetto,
  Che rimedio non v'e si tu n'el dai.
O forte dura, che mi fa esser quale
  Punta d'un Scorpio, & domandar riparo
  Contr' el velen' dall'istesso animale.
Chieggio li sal'ancida questa noia,
  Non estingua el desir à me si caro,
  Che mancar non potrà ch'i non mi muoia.

I I.

O beaus yeus bruns, ô regars destournez,
  O chaus soupirs, ô larmes espandues,
  O noires nuits vainement atendues,
  O iours luisans vainement retournez:
O tristes pleins, ô desirs obstinez,
  O tems perdu, ô peines despendues,
  O mile morts en mile rets tendues,
  O pires maus contre moy destinez.
O ris, ô front, cheueus, bras, mains & doits:
  O lut pleintif, viole, archet & vois:
  Tant de flambeaus pour ardre une femmelle!
De toy me plein, que tant de feus portant,
  En tant d'endrois d'iceus mon cœur tatant,
Nen est sur toy volé quelque estincelle.

O lor

III.

O longs deſirs, O eſperances vaines,
  Triſtes ſoupirs & larmes coutumieres
  A engendrer de moy maintes riuieres,
  Dont mes deus yeus ſont ſources & fontaines:
O cruautez, o durtez inhumaines,
  Piteus regars des celeſtes lumieres:
  Du cœur tranſi o paſsions premieres,
  Eſtimez vous croitre encore mes peines?
Qu'encor Amour ſur moy ſon arc eſſaie,
  Que noueaus feus me gette & noueaus dars:
  Qu'il ſe deſpite, & pis qu'il pourra face:
Car ie ſuis tant naurée en toutes pars,
  Que plus en moy une nouuelle plaie,
  Pour m'empirer ne pourroit trouuer place.

IIII.

Depuis qu'Amour cruel empoiſonna
  Premierement de ſon feu ma poitrine,
  Touſiours brulay de ſa fureur diuine,
  Qui un ſeul iour mon cœur n'abandonna.
Quelque trauail, dont aſſez me donna,
  Quelque menaſſe & procheine ruine:
  Quelque penſer de mort qui tout termine,
  De rien mon cœur ardent ne s'eſtonna.
Tans plus qu'Amour nous vient fort aſſaillir,
  Plus il nous fait nos forces recueillir,
  Et touſiours frais en ſes combats fait eſtre:
Mais ce n'eſt pas qu'en rien nous fauoriſe,
  Cil qui les Dieus & les hommes meſpriſe:
  Mais pour plus fort contre les fors paroitre.

V.

Clere Venus, qui erres par les Cieus,
  Entens ma voix qui en pleins chantera,
  Tant que ta face au haut du Ciel luira,
  Son long trauail & souci ennuieus.
Mon œil veillant s'atendrira bien mieus,
  Et plus de pleurs te voyant getera.
  Mieus mon lit mol de larmes baignera,
  De ses trauaus voyant témoins tes yeus.
Donq des humains sont les lassez esprits
  De dous repos & de sommeil espris.
  I'endure mal tant que le Soleil luit:
Et quand ie suis quasi toute cassee,
  Et que me suis mise en mon lit lassee,
  Crier me faut mon mal toute la nuit.

V I.

Deus ou trois fois bienheureus le retour
  De ce cler Astre, & plus heureus encore
  Ce que son œil de regarder honore.
  Que celle là receuroit un bon iour,
Qu'elle pourroit se vanter d'un bon tour
  Qui baiseroit le plus beau don de Flore,
  Le mieus sentant que iamais vid Aurore,
  Et y feroit sur ses leures seiour!
C'est à moy seule à qui ce bien est du,
  Pour tant de pleurs & tant de tems perdu:
  Mais le voyant, tant lui feray de feste,
Tant emploiray de mes yeus le pouuoir,
  Pour dessus lui plus de credit auoir,
  Qu'en peu de tems feray grande conqueste.

VII.

On voit mourir toute chose animee,
  Lors que du corps l'ame sutile part:
  Ie suis le corps, toy la meilleure part:
  Ou es tu donq, o ame bien aymee?
Ne me laissez par si long tems pámee,
  Pour me sauuer apres viendrois trop tard,
  Las, ne mets point ton corps en ce hazart
  Rens lui sa part & moitié estimee.
Mais fais, Ami, que ne soit dangereuse
  Cette rencontre & reuuë amoureuse,
  L'acompagnant, non de seuerité,
Non de rigueur: mais de grace amiable,
  Qui doucement me rende ta beauté,
  Iadis cruelle, à present fauorable.

VIII.

Ie vis, ie meurs: ie me brule & me noye.
  I'ay chaut estreme en endurant froidure:
  La vie m'est & trop molle & trop dure.
  I'ay grans ennuis entremeslez de ioye:
Tout à un coup ie ris & ie larmoye,
  Et en plaisir maint grief tourment i'endure:
  Mon bien s'en va, & à iamais il dure:
  Tout en un coup ie seiche & ie verdoye.
Ainsi Amour inconstamment me meine:
  Et quand ie pense auoir plus de douleur,
  Sans y penser ie me treuue hors de peine.
Puis quand ie croy ma ioye estre certeine,
  Et estre au haut de mon desiré heur,
  Il me remet en mon premier malheur.

IX.

Tout außi tot que ie commence à prendre
  Dens le mol lit le repos desiré,
  Mon triste esprit hors de moy retiré
  S'en va vers toy incontinent se rendre.
Lors m'est auis que dedens mon sein tendre
  Ie tiens le bien, ou i'ay tant aspiré,
  Et pour lequel i'ay si haut souspiré,
  Que de sanglots ay souuent cuidé fendre.
O dous sommeil, o nuit a moy heureuse!
  Plaisant repos, plein de tranquilité,
  Continuez toutes les nuiz mon songe:
Et si iamais ma poure ame amoureuse
  Ne doit auoir de bien en verité,
  Faites au moins qu'elle en ait en mensonge.

X.

Quand i'aperçoy ton blond chef couronné
  D'un laurier verd, faire un Lut si bien pleindre,
  Que tu pourrois à te suiure contreindre
  Arbres & rocs : quand ie te vois orné,
Et de vertus dix mile enuironné,
  Au chef d'honneur plus haut que nul ateindre,
  Et des plus hauts les louenges esteindre:
  Lors dit mon cœur en soy paßionné:
Tant de vertus qui te font estre aymé,
  Qui de chacun te font estre estimé,
  Ne te pourroient außi bien faire aymer?
Et aioutant à ta vertu louable
  Ce nom encor de m'estre pitoyable,
  De mon amour doucement t'enflamer?

O dou

X I.

O dous regars, o yeus pleins de beauté,
  Petis iardins, pleins de fleurs amoureuses
  Ou sont d'Amour les flesches dangereuses,
  Tant à vous voir mon œil s'est arresté!
O cœur felon, o rude cruauté,
  Tant tu me tiens de façons rigoureuses,
  Tant i'ay coulé de larmes langoureuses,
  Sentant lardeur de mon cœur tourmenté!
Donques, mes yeus, tant de plaisir auez
  Tant de bons tours par ses yeus receuez:
  Mais toy, mon cœur, plus les vois s'y complaire,
Plus tu languiz, plus en as de souci,
  Or deuinez si ie suis aise aussi,
  Sentant mon œil estre à mon cœur contraire.

X I I.

Lut, compagnon de ma calamité,
  De mes soupirs témoin irreprochable,
  De mes ennuis controlleur veritable,
  Tu as souuent auec moy lamenté:
Et tant le pleur piteus t'a molesté,
  Que commençant quelque son delectable,
  Tu le rendois tout soudein lamentable,
  Feingnant le ton que plein auoit chanté.
Et si te veus efforcer au contraire,
  Tu te destens & si me contreins taire:
  Mais me voyant tendrement soupirer,
Donnant faueur à ma tant triste pleinte:
  En mes ennuis me plaire suis contreinte,
  Et d'un dous mal douce fin esperer.

XIII.

Oh ſi i'eſtois en ce beau ſein rauie
   De celui là pour lequel vois mourant:
   Si auec lui viure le demeurant
   De mes cours iours ne m'empeſchoit ennie:
Si m'acollant me diſoit, chere Amie,
   Contentons nous l'un l'autre, s'aſſeurant
   Que la tempeſte, Euripe, ne Courant
   Ne nous pourra deſioindre en notre vie:
Si de mes bras le tenant acollé,
   Comme du Lierre eſt l'arbre encercelé,
   La mort venoit, de mon aiſe ennieuſe:
Lors que ſouef plus il me baiſeroit,
   Et mon eſprit ſur ſes leures fuiroit,
   Bien ie mourrois, plus que viuante, heureuſe.

XIIII.

Tant que mes yeus pourront larmes eſpandre,
   A l'heur paſſé auec toy regretter:
   Et qu'aus ſanglots & ſoupirs reſiſter
   Pourra ma voix, & un peu faire entendre:
Tant que ma main pourra les cordes tendre
   Du mignart Lut, pour tes graces chanter:
   Tant que l'eſprit ſe voudra contenter
   De ne vouloir rien fors que toy comprendre:
Ie ne ſouhaitte encore point mourir.
   Mais quand mes yeus ie ſentiray tarir,
   Ma voix caſſee, & ma main impuiſſante,
Et mon eſprit en ce mortel ſeiour
   Ne pouuant plus montrer ſigne d'amante:
   Prirey la Mort noircir mon plus cler iour.

Pour

X V.

Pour le retour du Soleil honorer,
  Le Zephir, l'air serein lui apareille:
  Et du sommeil l'eau & la terre esueille,
  Qui les gardoit l'une de murmurer,
En dous coulant, l'autre de se parer
  De mainte fleur de couleur nompareille.
  Ia les oiseaus es arbres font merueille,
  Et aus passans font l'ennui moderer:
Les Nynfes ia en mile ieus s'esbatent
  Au cler de Lune, & dansans l'herbe abatent:
  Veus tu Zephir de ton heur me donner,
Et que par toy toute me renouuelle?
  Fay mon Soleil deuers moy retourner,
  Et tu verras s'il ne me rend plus belle.

X V I.

Apres qu'un tems la gresle & le tonnerre
  Ont le haut mont de Caucase batu,
  Le beau iour vient, de lueur reuétu.
  Quand Phebus ha son cerne fait en terre,
Et l'Ocean il regaigne à grand erre:
  Sa seur se montre auec son chef pointu.
  Quand quelque tems le Parthe ha combatu,
  Il prent la fuite & son arc il desserre.
Vn tems t'ay vu & consolé pleintif,
  Et defiant de mon feu peu hatif:
  Mais maintenant que tu m'as embrasee,
Et suis au point auquel tu me voulois:
  Tu as ta flame en quelque eau arrosee,
  Et es plus froit qu'estre ie ne soulois.

h 4   Ie suis

XVII.

Ie fuis la vile, & temples, & tous lieux,
 Esquels prenant plaisir à t'ouir pleindre,
 Tu peus, & non sans force, me contreindre
 De te donner ce qu'estimois le mieux.

Masques, tournois, ieus me sont ennuieus,
 Et rien sans toy de beau ne me puis peindre:
 Tant que tachant à ce desir esteindre,
 Et un nouuel obget faire à mes yeus,

Et des pensers amoureus me distraire,
 Des bois espais sui le plus solitaire:
 Mais i'aperçoy, ayant erré maint tour,

Que si ie veus de toy estre deliure,
 Il me conuient hors de moymesme viure,
 Ou fais encor que loin sois en seiour.

XVIII.

Baise m'encor, rebaise moy & baise:
 Donne m'en un de tes plus sauoureus,
 Donne m'en un de tes plus amoureus:
 Ie t'en rendray quatre plus chaus que braise.

Las, te pleins tu? ça que ce mal i'apaise,
 En t'en donnant dix autres doucereus.
 Ainsi meslans nos baisers tant heureus
 Iouissons nous l'un de l'autre à notre aise.

Lors double vie à chacun en suiura.
 Chacun en soy & son ami viura.
 Permets m'Amour penser quelque folie:

Tousiours suis mal, viuant discrettement,
 Et ne me puis donner contentement,
 Si hors de moy ne fay quelque saillie.

Diane

XIX.

Diane estant en l'espesseur d'un bois,
  Apres auoir mainte beste assenee,
  Prenoit le frais, de Nynfes couronnee:
  I'allois resuant comme fay maintefois,
Sans y penser: quand i'ouy une vois,
  Qui m'apela, disant, Nynfe estonnee,
  Que ne t'es tu vers Diane tournee?
  Et me voyant sans arc & sans carquois,
Qu'as tu trouué, o compagne, en ta voye,
  Qui de ton arc & flesches ait fait proye?
  Ie m'animay, respons ie, à un passant,
Et lui getay en vain toutes mes flesches
  Et l'arc apres: mais lui les ramassant
  Et les tirant me fit cent & cent bresches.

XX.

Predit me fut, que deuoit fermement
  Vn iour aymer celui dont la figure
  Me fut descrite: & sans autre peinture
  Le reconnu quand vy premierement:
Puis le voyant aymer fatalement,
  Pitié ie pris de sa triste auenture:
  Et tellement ie forçay ma nature,
  Qu'autant que lui aymay ardentemens.
Qui n'ust pensé qu'en faueur deuoit croitre
  Ce que le Ciel & destins firent naitre?
  Mais quand ie voy si nubileus aprets,
Vents si cruels & tant horrible orage:
  Ie croy qu'estoient les infernaus arrets,
  Qui de si loin m'ourdissoient ce naufrage.

h 5

Quelle

XXI.

Quelle grandeur rend l'homme venerable?
  Quelle grosseur? quel poil? quelle couleur?
  Qui est des yeus le plus emmieleur?
  Qui fait plus tot une playe incurable?
Quel chant est plus à l'homme connenable?
  Qui plus penetre en chantant sa douleur?
  Qui un dous lut fait encore meilleur?
  Quel naturel est le plus amiable?
Ie ne voudrois le dire assurément,
  Ayant Amour forcé mon iugement:
  Mais ie say bien & de tant ie m'assure,
Que tout le beau que lon pourroit choisir,
  Et que tout l'art qui ayde la Nature,
  Ne me sauroient acroitre mon desir.

XXII.

Luisant Soleil, que tu es bien heureus,
  De voir tousiours de t'Amie la face:
  Et toy, sa seur, qu'Endimion embrasse,
  Tant te repais de miel amoureus.
Mars voit Venus : Mercure auentureus
  De Ciel en Ciel, de lieu en lieu se glasse:
  Et Iupiter remarque en mainte place
  Ses premiers ans plus gays & chaleureus.
Voilà du Ciel la puissante harmonie,
  Qui les esprits diuins ensemble lie:
  Mais s'ils auoient ce qu'ils ayment lointein,
Leur harmonie & orare irreuocable
  Se tourneroit en erreur variable,
  Et comme moy trauailleroient en vain.

XXIII.

Las ! que me sert, que si parfaitement
　Louas iadis & ma tresse doree,
　Et de mes yeus la beauté comparee
　A deus Soleils, dont Amour finement
Tira les trets causez de ton tourment?
　Ou estes vous, pleurs de peu de duree?
　Et Mort par qui deuoit estre honoree
　Ta ferme amour & iteré serment?
Donques c'estoit le but de ta malice,
　De m'asseruir sous ombre de seruice?
　Pardonne moy, Ami, à cette fois,
Estant outree & de despit & d'ire:
　Mais ie m'assure, quelque part que tu sois,
　Qu'autant que moy tu soufres de martire.

XXIIII.

Ne reprenez, Dames, si i'ay aymé:
　Si i'ay senti mile torches ardentes,
　Mile trauaus, mile douleurs mordentes:
　Si en pleurant, i'ay mon tems consumé,
Las que mon nom n'en soit par vous blamé.
　Si i'ay failli, les peines sont presentes,
　N'aigrissez point leurs pointes violentes:
　Mais estimez qu'Amour, à point nommé,
Sans votre ardeur d'un Vulcan excuser,
　Sans la beauté d'Adonis acuser,
　Pourra, s'il veut, plus vous rendre amoureuses:
En ayant moins que moy d'ocasion,
　Et plus d'estrange & forte passion.
　Et gardez vous d'estre plus malheureuses.

FIN DES EVVRES DE LOVIZE
LABE' LIONNOIZE.

AVS POËTES
DE LOVÏZE LABE´.

SONNET.

Vous qui le los de Louïze escriuez,
  Et qui auez, par gaye fantasie
  Cette beauté, votre suget, choisie,
  Voyez quel bien pour vous, vous poursuiuez.
Elle des dons des Muses cultiuez,
  S'est pour soymesme & pour autrui saisie:
  Tant qu'en louant sa dine Poësie,
  Mieus que par vous par elle vous viuez.
Laure ut besoin de faueur empruntee,
  Pour de renom ses graces animer:
  Louïze autant en beauté reputee,
Trop plus se fait par sa plume estimer.
  Et de soymesme elle se faisant croire,
  A ses loueurs est cause de leur gloire.

ESCRIZ DE

diuers Poëtes, à la louenge de
Louïze Labé Lion-
noize.

Εἰς ᾠδὰς Λοΐσης Λαβάιας.

Τὰς Σαπφῦς ᾠδ᾽ὰς γλυκυφώνϑ ἃς ἀπόλεσεμ
 Ἡ παμφάγϑ χρόνϑ βίη,
Μειλιχίῳ Γαφίης κỳ ἐρώτωμ νῦμ γὲ Λαβάιη
 Κόλπῳ τραφεῖσ᾽ ἀνήγαγε.
Εἰ δ᾽έ τις ὡς καινὸμ θαυμάζει, κỳ πόθεμ ὅδὶ,
 Φησὶμ, νέη ποιήτρια;
Γνοίη ὡς γοργὸμ, κỳ ἄκαμπτου, δυσυχέϑσα
 Ἔχει Φάων᾽ ἐρώμϑμου:
Τϑ πληχθεῖσα φυγῆ, λιγυρὸμ μέλ⊙ ἦρξε τάλαινα
 Χορδαῖς ἐναρμόζεμ λύρης.
Σφοδρὰ ἢ πρὸς ταύτας ποήσεις οἷσρ᾽ ἐνίκησ
 Γαιδῶμ ἐραμ ὑπερηφάνωμ.

De Aloysæ Labææ osculis.

Iam non canoras Pægasidas tuis
 Assuesce votis : nil tibi Cynthius
 Fontis᾽ue Dircæi recessus
 Profuerint, vel manis Euan.

sed

Sed tu Labææ basia candidæ
Imbuta poscas nectare, qua rosæ
Spirant amaracosq́; molles,
Et violas, Arabumq́; succos.
Non illa summis dispereunt labris,
Sed quà reclusis obicibus patet
Inerme pectus, suaueolentis
Oris aculeolo calescit.
Illo medullæ protinus æstuant,
Et dissolutis spiritus omnibus
Nodis in ore suauiantis
Lenius emoritur Labææ.
Hoc plenus œstro (dicere seu lubet
Sectis puellas vnguibus acriter
Depræliantes, aut inustam
Dente notam labijs querenteis:
Cæli'ue motus & redeuntia
Anni viciſsim tempora: nec suo
Fulgore lucentem Dianam,
Syderibus'ue polos micanteis,
Dignum Labææ baſiolis melos
Quod voce miſtis cum fidibus canat)
Dices coronatus quòd aureis
Cecropias Latiasq́; pungat.

En grace du Dialogue d'Amour, & de Folie,
Euure de D. Louïze Labé
Lionnoize.

Amour eſt donq pure inclinacion
Du Ciel en nous, mais non neceſsitante:

Ou

Ou bien vertu, qui nos cœurs impuissante
   A resister contre son accion?
C'est donq de l'ame une alteracion
   De vain desir legerement naissante
   A tout obiet de l'espoir perissante,
   Comme muable à toute passion?
La ne soit crû, que la douce folie
   D'un libre Amant d'ardeur libre amollie
   Perde son miel en si amer Absynte,
Puis que lon voit un esprit si gentil
   Se recouurer de ce Chaos sutil,
   Ou de Raison la Loy se laberynte.

NON SI NON LA.

En contemplacion de D. Louïze Labé.

Quel Dieu graua cette magesté douce
   En ce gay port d'une pronte allegresse?
   De quel liz est, mais de quelle Deesse
   Cette beauté, qui les autres destrousse?
Quelle Syrene hors du sein ce chant pousse,
   Qui deceuroit le caut Prince de Grece?
   Quels sont ces yeus, mais bien quel Trofee est ce,
   Qui tient d'Amour l'arc, les trets & la trousse?
Ici le Ciel liberal me fait voir
   En leur parfait, grace, honneur, & sauoir,
   Et de vertu le rare témoignage:
Ici le traytre Amour me veut surprendre:
   Ah! de quel feu brule un cœur ia en cendre?
   Comme en deus pars ce peut il mettre en gage?

P. D. T.

A D. Louïze Labé, sur son portrait.

Iadis un Grec sus une froide image,
   Que consacra Praxitele à Cyprine,
   Rafreschissant son ardente poitrine
   Rendit du maitre admirable l'ouurage.
Las! peu s'en faut qu'à ce petit ombrage,
   Reconnoissant ta bouche coralline,
   Et tous les trais de ta beauté diuine,
   Ie n'aye autant porté de témoignage.
Qu'ust fait ce Grec si cette image nue
   Entre ses bras fust Venus deuenue?
   Que suis ie lors quand Louïze me touche,
Et l'accollant d'un long baiser me baise?
   L'ame me part, & mourant en cet aise,
   Ie la reprens ia fuiant en sa bouche.

SONNET.

Ie laisse apart Meduse, & sa beauté,
   Qui transmuoit en pierre froide & dure,
   Ceus qui prenoient à la voir trop de cure,
   Pour admirer plus grande nouueauté:
Et reciter la douce cruauté
   De BELLE A SOY, qui fait bien plus grand' chose,
   Lors qu'en son tout grace naïue enclose,
   Veut eslargir sa douce priuauté.
Car d'un corps fait au comble de son mieus,
   Du vif mourant contournement des yeus,
   A demi clos tournans le blanc en vuë:
Puis d'un soupir mignardement issant,
   Auant l'apas d'un souzris blandissant,
   Les regardans en soymesme transmue.

DEVOIR DE VOIR.

A celle qui n'est seulement à soy belle.

Si le Soleil ne peut tousiours reluire,
Fuir ne faut pourtant tout ce qui luit,
Car si au Ciel quelqu'autre flamme duit,
Sans le Soleil peut bien la clarté luire.
Mais quoy? sans lui, las! on la veut reduire
Au seul plaisir d'un Astre radieux,
Qui autre part d'esclairer enuieux,
Par ce moyen peut à la clarté nuire.
Las! quel Climat lui sera donq heureux,
N'ayant faueur que par l'Astre amoureux,
Ou viue meurt cette lueur premiere?
Si d'autre espoir de sa propre vertu
N'est par effet son lustre reuétu,
Sous tel Phebus s'esteindra sa lumiere.

DEVOIR DE VOIR.

Autre à elle mesme.

Voyez., Amans, voyez si la pitié
A mon secours or' à tort ie reclame:
Du haut, ou bas, rien n'est, fors ma poure ame,
Qui n'ait gouté quelque fruit d'amitié.
Par quel destin, las! toute autre moitié
La mienne fuit? suiuant l'ingrate trace
De celle là, dont esperant la grace,
Acqui ie n'ay que toute ini nitié?
O douce Mort (à tous plus qu'à soy belle)
A ta clarté ne sois ainsi rebelle,
Ains doucement la fais en toy mourir:
Si tu ne veus par façon rigoureuse
Sans aliment la rendre tenebreuse:
Car ia l'esteint, qui la peut secourir.

i   A D.

A D. Loüize, des Muses ou premiere ou diziéme couronnante la troupe.

Nature ayant en ses Idees pris
  Vn tel suget, qu'il surpassoit son mieus:
  De grace ell'ut pour l'illustrer des Dieus
  Otroy entier du plus supernel pris:
Dont elle put l'Vniuers rendre espris,
  Ouurant l'amas des influz bienheureus,
  Duquel le rare epuré par les Cieus
  Atire encor le bien né des esprits.
Dieus qui soufrez flamboyer tel Soleil
  A vous egal, à vous le plus pareil,
  Témoin le front de sa beauté premiere,
Permettrez vous chose si excellente
  Patir l'horreur d'Atrope palissante,
  Ne la laissant immortelle lumiere?

D'IMMORTEL ZELE,

SONETTO.

Qui doue in braccio al Rodano si vede
  Girne la Sona queta, si ch'à pena
  Scorger si puo là doue l'onde mena,
  Si lenta muoue entr'al suo letto il piede:
Giunsi punto d'Amor, cinto di Fede,
  Di speme priuo, e colmo de la pena,
  Ch'all'Alma (pria d'ogni dolcezza piena)
  Fa di tutto il piacere aperte prede;

E mou

E mouendo i sospiri à chiamar voi
   (Lungi dal vostro puro aer' sereno)
   Sperai vinto dal sonno alta quiete:
Ma tosto vdij dirmi da voi: Se i tuoi
   Occhi son tristi e molli, i miei non meno,
   Così sempre per noi pianto si miete.

SONETTO.

Ardo d'un dolce fuoco, e quest' ardore
   Smorzar non cerco; anzi m'è caro tanto,
   Che lieto in mezo de le fiamme io canto
   Le vostre lodi e'l sopran vostre honore;
E chieggio in guiderdone al mio Signore
   Che non mi dia cagion d'eterno pianto;
   Ma d'un istesso fuoco habbi altrettanto
   Vi porga si ch'ognihor n'auuampi il cuore.
Amor seco ogni ben mai sempre apporta,
   Quando d'un par disio due Petti inuoglia:
   Ma s'un ne lascia, è morte atroce e ria:
Siatemi dunque voi sicura scorta:
   Suegliate homai questa grauosa spoglia,
   Ch'à voi consacrerò la penna mia.

Auuenturosi fiori,
   Che così dolce seno,
   Che così care chiome in guardia haueste;
   Benedetto il sereno
   Aër' doue nasceste;
   E que' mille colori
   Di cui natura in voi vaga si piacque:

Ben' fu dolce destino,
Il vostro, e quel mattino
Che sì felice al morir' vostro nacque:
Vinchino hor' vostri odori
Gli odorosi Sabei, gli Arabi honori.

Dolce Luisa mia
Che tanto bella sete,
Quanto esser' vi volete: E come il core
Hauete sculto amore, e cortesia:
Tal' ne gli occhi di lor' si scorge traccia:
Da queste dolci braccia
Da questi ardenti baci, anima bella,
Morte sola mi suella
Ne vnqua mai fra noi maggior' si sia
Paura e' gelosia.

Altra luce non veggio:
Altro sole, alma bella,
Fuor' che i vostri occhi santi
Non hò : e' questi hor' chieggio
Sol' per mia guida e' stella
Sempre come hor' sereni.
A voi beati amanti
Altra inuidia, altro zelo
Non haurò mai: se il cielo
Vuol' che io mia vita meni
In così fatta guisa
A i dolci raggi lor' dolce Luisa.

Eftreines, à Dame Louïze Labé.

Louïze eft tant gracieufe & tant belle,
Louïze à tout eft tant bien auenante,
Louïze ha l'œil de fi viue eftincelle,
Louïze ha face au corps tant conuenante,
De fi beau port, fi belle & fi luifante,
Louïze ha voix que la Mufique auoue,
Louïze ha main qui tant bien au lut ioue,
Louïze ha tant ce qu'en toutes on prife,
Que ie ne puis que Louïze ne loue,
Et fi ne puis affez louer Louïze.

A D. L. L.

Ton lut herfoir encor fe refentoit
De ta main douce, & gozier gracieux,
Et fous mes doits fans leur ayde chantoit:
Quand un Demon, ou fur moy enuieux,
Ou de mon bien fe feingnant foucieux,
Me dit : c'eft trop fus un lut pris plaifir.
N'aperçois tu un furieux defir
Cherchant autour de toy une cordelle,
Pour de ton cœur la Dame au lut faifir?
Et, ce difant, rompit ma chanterelle.

Epitre à fes amis, des gracieufetez
de D. L. L.

Que faites vous, mes compagnons,
Des cheres Mufes chers mignons?
Auions encore en notre abfence

De votre Magny souuenance,
Magny votre compagnon doux,
Qui ha souuenance de vous
Plus qu'assez, s'une Damoiselle
Sa douce maitresse nouuelle
Qui l'estreint d'une estroite Foy
Le laisse souuenir de soy.
Mais le Pouret qu'Amour tourmente
D'une chaleur trop vehemente,
En oubli le Pouret ha mis
Soymesme & ses meilleurs amis:
Et le Pouret à rien ne pense,
Et si n'a de rien souuenance,
Mais seulement il lui souuient
De la maitresse qui le tient,
Et rien sinon d'elle il ne pense
N'ayant que d'elle souuenance.
Et tout brulé du feu d'amours
Passe ainsi les nuits & les iours,
Sous le ioug d'une Damoiselle
Sa douce maitresse nouuelle,
Qui le fait ore esclaue sien,
Ataché d'un nouueau lien:
Qui le cœur de ce miserable
Brule d'un feu non secourable,
Si le secours soulacieux
Ne lui vient de ses mesmes yeux,
Qui premiers sa flamme alumerent,
Qui premier son cœur enflammerent,
Et par qui peut estre adouci

Lamour

L'amoureux feu de son souci.
Mais ny le vin ny la viande,
Tant soit elle douce & friande,
Ne lui peuuent plus agreer.
Rien ne pourroit le recreer,
Non pas les gentilesses belles
De ces gentiles Damoiselles,
De qui la demeure lon met
Sur l'Heliconien sommet,
Qu'il auoit tousiours honorees,
Qu'il auoit tousiours adorees
Des son ieune aage nouuelet,
Encores enfant tendrelet.
Adieu donq Nynfes, adieu belles,
Adieu gentiles Damoiselles,
Adieu le Chœur Pegasien,
Adieu l'honneur Parnasien.
Venus la mignarde Deësse,
De Paphe la belle Princesse,
Et son petit fils Cupidon
Me maitrisent de leur brandon.
Vos chansons n'ont point de puissance
De me donner quelque allegeance
Aus tourmens qui tiennent mon cœur,
Genné d'une douce langueur
Ie n'ay que faire de vous, belles:
Adieu, gentiles Damoiselles:
Car ny pour voir des monceaus d'or
Assemblez dedens un tresor,
Ny pour voir flofloter le Rone,

Ny pour voir s'écouler la Sone,
Ny le gargouillant ruißelet,
Qui coulant d'un bruit doucelet,
A dormir, d'une douce enuie,
Sur la fresche riue conuie:
Ny par les ombreus arbrißeaus
Le dous ramage des oiseaus,
Ny violons, ny espinettes,
Ny les gaillardes chansonnettes,
Ny au chant des gaies chansons
Voir les garces & les garçons
Fraper en rond, sans qu'aucun erre,
D'un branle mesuré, la terre.
Ny tout celà qu'a de ioyeus
Le renouueau delicieus,
Ny de mon cher Giués (qui m'ayme
Comme ses yeus) le confort mesme.
Mon cher Giués, qui comme moy
Languit en amoureus émoy,
Ne peuuent flater la langueur
Qui tient genné mon poure cœur:
Bien que la mignarde maitreße,
Pour que ie languis en détreße,
Contre mon amoureus tourmens
Ne s'endurciße fierement:
Et bien qu'ingrate ne soit celle,
Celle gentile damoiselle
Qui fait d'un regard bien humain,
Ardre cent feus dedens mon sein.
   Mais que sert toute la careße

Que

Que ie reçoy de ma maitresse?
Et que me vaut passer les iours
En telle esperance d'amours,
Si les nuiz de mile ennuiz pleines
Rendent mes esperances veines?
Et les iours encor plein d'ennuiz,
Qu'absent de la belle ie suiz?
Quand ie meurs, absent de la belle,
Ou quand ie meurs present pres d'elle
N'osant montrer (o dur tourment!)
Comment ie l'ayme ardantement?
   Celui vraiment est miserable
Qu'amour, voire estant fauorable,
Rend de sa flame langoureus.
Chetif quiconque est amoureus,
Par qui si cher est estimee
Vne si legere fumee
D'un plaisir suiui de si pres
De tant d'ennuiz qui sont apres.
Si áy ie aussi cher estimee
Vne si legere fumee,

Des beautez de D. L. L.

Ou print l'enfant Amour le fin or qui dora
   En mile crespillons ta teste blondissante?
   En quel iardin print il la roze rougissante
   Qui le liz argenté de ton teint colora?
La douce grauité qui son front honora,

Les deux rubis balais de ta bouche allechante,
Et les rais de cet œil qui doucement m'enchante.
En quel lieu les print il quand il t'en decora?
D'ou print Amour encor ces filets & ces lesses
Ces hains & ces apasts que sans fin tu me dresses
Soit parlant ou riant ou guignant de tes yeux?
Il print d'Herme, de Cypre, & du sein de l'Aurore,
Des rayons du Soleil, & des Graces encore,
Ces attraits & ces dons, pour prendre hommes et Dieux.

A elle mesme.

O ma belle rebelle,
Las que tu m'es cruelle!
Ou quand d'un dous souzris
Larron de mes esprits,
Ou quand d'une parole
Si mignardement mole,
Ou quand d'un regard d'yeux
Traytrement gracieux,
Ou quand d'un petit geste
Non autre que celeste,
En amoureuse ardeur
Tu m'enflammes le cœur,
   O ma belle rebelle,
Las que tu m'es cruelle!
Quand la cuisante ardeur
Qui me brule le cœur,
Veut que ie te demande
A sa brulure grande
Un rafrechissement

D'un

D'un baiser seulement,
  O ma belle rebelle,
Que tu serois cruelle!
Si d'un petit baiser
Ne voulois l'apaiser,
Au lieu d'alegement
Acroissant mon tourment.
Me puisse ie un iour, dure,
Vanger de cette iniure:
Mon petit maitre Amour
Te puisse outrer un iour,
Et pour moy langoureuse
Il te face amoureuse,
Comme il m'a langoureus
Pour toy fait amoureus.
Alors par ma vengeance
Tu auras connoissance
Que vaut d'un dous baiser
Vn Amant refuser.
Et si ie te le donne,
Ma gentile mignonne,
Quand plus fort le desir
En viendroit te saisir:
Lors apres ma vengeance,
Tu auras connoissance
Quel bien fait, d'un baiser
L'Amant ne refuser.

Double Rondeau, à elle.

Eſtant nauré d'un dard ſecrettement.
Par Cupidon, & bleßé à outrance,
Ie n'oſois pas declairer mon tourment
Saiſir de peur, delaißé d'eſperance,
Mais celui ſeul, qui m'auoit fait l'ofenſe,
M'a aſſeuré, diſant, que ſans ofenſe
Ie pouuois bien mon ardeur deceler,
Ce que i'ay fait ſans plus le receler.
      Eſtant nauré.

A une donq pourement aſſuré,
Creingnant bien fort d'elle eſtre refuſé,
Ay declairé du tout ma doleance:
Et ſur mon mal hardiment excuſé
Lui ſupliant me donner allegeance,
Ou autrement ie perdrois pacience
      Eſtant nauré.

Au mien propos ha ſi bien reſpondu
Celle que i'ay plus chere, que mon ame,
Et mon vouloir ſagement entendu,
Que ie conſens qu'il me ſoit donne blame
Si ie l'oublie : car elle m'a rendu
Le ſens, l'eſprit, l'honneur, le cœur & l'ame
      Eſtant nauré.

Ode

Ode en faueur de D. Louïze Labé,
à son bon Signeur.
D. M.

Muses, filles de Iupiter,
  Il nous faut aquiter
  Vers ce docte & gentil Fumee,
  Qui contre le tems inhumain
  Tient vos meilleurs trets en sa main,
  Pour paranner sa renommee.

Ie lui dois, il me doit außi:
  Et si i'ay ores du souci
  Pour faire mon payment plus dine,
  Ie le voy ores deuant moy
  En un außi plaisant émoy,
  Pour faire son Ode Latine.

Mais par ou commencerons nous?
  Dites le, Muses: car sans vous
  Ie ne fuis l'ignorante tourbe,
  Et sans vous ie ne peu chanter
  Chose, qui puiße contenter
  Le pere de la lyre courbe.

Quand celui qui iadis naquit
  Dens la tour d'erein, que conquit
  Iupiter d'une caute ruse,
  Vt trenché le chef qui muoit
  En rocher celui qu'il voyoit,
  Le chef hideus de la Meduse:

Aden

Adonques par l'air s'en allant,
  Monté sur un cheual volant,
  Il portoit cette horrible teste:
  Et ia desia voisin des Cieus
  Il faisoit voir en mile lieus
  La grandeur de cette conqueste.

Tandis du chef ainsi trenché
  Estant freschement arraché,
  Distiloit du sang goute à goute:
  Qui soudein qu'en terre il estoit,
  Des fleurs vermeilles enfantoit,
  Qui changeoient la compagne toute,

Non en Serpent, non en ruisseau,
  Non en Loup, & non en oiseau,
  En pucelle, Satire ou Cyne:
  Mais bien en pierre faisant voir
  Par un admirable pouuoir
  La vertu de leur origine.

Et c'est aussi pourquoy ie crois,
  Que fendant l'air en mile endrois
  Sur mile estrangeres campagnes,
  A la fin en France il vola,
  Ou du chef hideus s'escoula
  Quelque sang entre ces montagnes:

Mesmement aupres de ce pont
  Opposé viz à viz du mont,

                                    Du

Du mont orgueilleus de Feruiere:
En cet endroit ou ie te vois
Egaier meinte & meintefois
Entre l'une & l'autre riuiere.

Car deslors que fatalement
	I'en aprochay premierement,
	Ie vis des la premiere aproche
	Ie ne say quelle belle fleur:
	Qui foudein mesclauant le cœur
	Le fit changer en une roche.

Ie viz encor tout à lentour
	Mile petis freres d'Amour,
	Qui menoient mile douces guerres:
	Et mile creintifs amoureus
	Qui tous comme moy langoureus
	Auoient leurs cœurs changez en pierres.

Depuis estant ainsi rocher,
	Ie viz pres de moy aprocher
	Vne Meduse plus acorte
	Que celle dont s'arme Pallas,
	Qui changea iadis cet Atlas
	Qui le Ciel sur l'eschine porte.

Car elle ayant moins de beautez,
	De ces cheueus enserpentez
	Faisoit ces changemens estranges:
	Mais cetteci, d'un seul regard

De

De son œil doucement hagard
Fait mile plus heureus eschanges.

Celui qui voit son front si beau,
Voit un ciel, ainçois un tableau
De cristal, de glace, ou de verre:
Et qui voit son sourcil benin,
Voit le petit arc hebenin,
Dont Amour ses trets nous desserre.

Celui qui voit son teint vermeil,
Voit les roses qu'à son réueil
Phebus épanit & colore:
Et qui voit ces cheueus encor,
Voit dens Pactole le tresor
Dequoy ses sablons il redore.

Celui qui voit ses yeus iumeaus,
Voit au ciel deus heureus flambeaus,
Qui rendent la nuit plus cerene:
Et celui qui peut quelquefois
Escouter sa diuine voix
Entend celle d'une sirene.

Celui qui fleure en la baisant
Son vent si dous & si plaisant,
Fleure l'odeur de la Sabee:
Et qui voit ses dens en riant
Voit des terres de l'Orient
Meinte perlette desrobee.

Celui

Celui qui contemple son sein
    Large, poli, profond & plein,
    De l'Amour contemple la gloire,
    Et voit son teton rondelet,
    Voit deus petis gazons de lait,
    Ou bien deus boulettes d'iuoire.

Celui qui voit sa belle main,
    Se peut asseurer tout soudein
    D'auoir vu celle de l'Aurore:
    Et qui voit ses piez si petis,
    S'asseure que ceus de Thetis
    Heureus il ha pu voir encore.

Quant à ce que l'acoutrement
    Cache, ce semble, expressement
    Pour mirer sur ce beau chef d'euure,
    Nul que l'Ami ne le voit point:
    Mais le grasselet embonpoint
    Du visage le nous descœuure.

Et voilà comment ie fuz pris
    Aus rets de l'enfant de Cypris,
    Esprouuant sa douce pointure:
    Et comme une Meduse fit,
    Par un dommageable proufit,
    Changer mon cœur en pierre dure.

Mais c'est au vray la rarité
    De sa grace & de sa beauté,
    Qui rauit ainsi les personnes:

                                k   Et

Et qui leur ôte cautement
La franchise & le sentiment,
Ainsi que faisoient les Gorgonnes.

Le Tems cette grand' fauls tenant
Se vét de couleur azuree,
Pour nous montrer qu'en moissonnant
Les choses de plus de duree,
Il se gouuerne par les Cieus:
Et porte ainsi la barbe grise,
Pour faire voir qu'Hommes & Dieus
Ont de lui leur naissance prise.

Il assemble meinte couleur
Sur son azur, pource qu'il treine
Le plaisir apres la douleur
Et le repos apres la peine:
Montrant qu'il nous faut endurer
Le mal, pensant qu'il doit fin prendre,
Comme l'Amant doit esperer,
Et merci de sa Dame atendre.

Il porte sur son vétement,
Vn milier d'esles empennees,
Pour montrer comme vitement
Il s'en vole auec nos annees:
Et s'acompagne en tous ses faits
De cette gente Damoiselle,
Confessant que tous ses efets
N'ont grace ne vertu sans elle.

Elle s'apelle Ocasion

Qui

Qui chaune par derriere porte,
Sous une docte allusion,
Ses longs cheueux en cette sorte:
A fin d'enseigner à tous ceus
Qui la rencontrent d'auenture,
De ne se montrer paresseus
A la prendre à la cheuelure.

Car s'elle se tourne & s'en fuit,
En vain apres on se trauaille:
Sans espoir de fruit on la suit.
Le Tems ce doux loisir nous baille,
De pouuoir gayement ici
Dire & ouir meintes sornettes,
Et adoucir notre souci,
En contant de nos amourettes.

Le Tems encore quelquefois,
Admirant ta grace eternelle,
Chantera d'une belle voix
D'Auanson ta gloire eternelle:
Mais or' l'ocasion n'entend
Que plus long tems ie l'entretienne,
Creignant perdre l'heur qui m'atend
Ou qu'autre masque ne suruienne.

MADRIGALE.

Arse cosi per voi, Donna, il mio core
Il primo di ch'intento vi mirai,
Che certo mi pensai
Che nò potesse in me crescere piu ardore:
Ma in voi belta crescendo d'hor' in hora,

k 2

Cresc'

Creſc in me il fuoco ancora,
Il qual nò potra mai creſcer' ſi pocco,
Ch' altro no ſaro piu che fiamme e fuoco.

O D E.

Toute bonté abondante
    Aus gouuerneurs des ſaints Cieux,
    Vn, qui de main foudroyante
    Eſtonne mortels & Dieux,
    Enſemença ces bas lieux
    De diuerſité d'atomes
    Formez de ce vertueux
    Surpaſſant celui des hommes.

Leſquels d'une deſtinee
    Sous quelque fatal heureux,
    Pour former une bien nee
    Furent enſemble amoureux:
    Et goutant le ſauoureux,
    Lequel ou l' Amour termine,
    Ou le rend plus doucereux,
    La font voir choſe diuine,

Meſmement ſi familiere
    A la troupe des neuf Seurs,
    Qu'elle l'ont pour leur lumiere
    Fait lampeger en leurs chœurs:
    Là receuant les honneurs
    De ceux, qu'on n'a laiſſé boire
    Aus ſourſes & cours donneurs
    De perpetuelle gloire.

Elle le fait aparoitre
   Au docte de ses escriz,
   Qu'on voit iournellement naitre,
   Et deuancer les esprits,
   Qui auoient gaigné le pris
   D'estre mieus luz en notre aage.
   O feminin entrepris
   De l'immortalité gage!

Qui une flame amoureuse,
   Qui mieus les passionnez,
   Et de veine plus heureuse
   Discerne les aptes nez,
   Et à l'Amour fortunez,
   De ceus, lesquels à outrance
   Seront tousiours mal menez,
   Et repuz d'une esperance?

Qui de langue plus diserte
   Fait le Musagete orer
   Contre l'eloquence experte
   Du Dieu, qui peut atirer
   Per le caut de son parler
   L'erreur à la vraye trace?
   Qui pres d'eus peut sommeiller,
   Comme elle, sur le Parnasse?

Donq que sur ses temples vole
   Ce vert entortillonné
   Pris de la ramure mole
   De la fuyarde Daphné,

Et doctement façonné
Pour orner la feur de celle,
Qui fortit, le coup donné
En armes, de la ceruelle,

Sonnet à D. L. L. par A. F. R.

Si de ceus qui ne t'ont connue, qu'en lisant
  Tes Odes & Sonnets, Louïze, & honoree:
  Si ta voix de ton lut argentin temperee,
D'arrester les passans est moyen suffisant:
Et si souuent des yeus d'un seul rayon luisant
  Ont meinte ame en prison pour l'adorer serree:
  Tu te peus bien de moy tenir toute asseuree.
Car si iamais ton œil sus un cœur fut puissant,
Il ha esté sur moy, & fait meinte grand' playe:
  Telle grace à chanter, baller, sonner te suit,
  Qu'à rompre ton lien ou fuir ie n'essaye.
Tant tes vers amoureus t'ont donné los & bruit,
  Qu'heureus me fens t'auoir non le premier aymee,
  Mais prisé ton sauoir auant la renommee.

A Dame Louïze Labé, Lionnoize, la
comparant aus Cieus.

Sept feus on voit au Ciel, lesquels ainsi
  Sont tous en toy meslez ensemblement.
  Phebé est blanche : & tu es blanche aussi,
  Mercure est docte : & toy pareillement.
Venus tousiours belle : semblablement
  Belle tousiours à mes yeus tu te montre.
  Tout de fin or est le chef du Soleil:
  Le tien au sien ie voy du tout pareil.
  Mars est puissant : mais il creint ta rencontre.

Iupiter

Iupiter tient les Cieus en ſa puiſſance:
  Ta grand' beauté tient tout en ſon pouuoir.
  Saturne au Ciel ha la plus haute eſſence:
  Tu as auſſi la douce iouiſſance
  Du plus haut heur qu'autre pourroit auoir.
Donq qui veut voir les grans dons, que les Dieus
  Ont mis en toy, qu'il contemple les Cieus.

Des louenges de Dame Louïze Labé, Lionnoize.

Il ne faut point que i'apelle
  Les hauts Dieus à mon ſecours,
  Ou bien la bande pucelle
  Pour m'ayder en mon diſcours.
  Puis que les Dieus, de leur grace,
  Les ſaintes Muſes, les Cieus
  Ont tant illuſtré la face,
  Le corps, l'eſprit curieus
  De celle, dont i'apareille
  La louenge nompareille,
  Ie congnoy bien clerement
  Que toute eſſence diuine
  Me fauoriſe, & s'encline
  A ce beau commenſement.

Sus ſus donq, blanche feneſtre,
  Fay tes reſonans effors:
  Et toy, ô mignarde deſtre,
  Chatouille ſes dous acors:
  Chantons la face angelique,
  Chantons le beau chef doré,
  Si beau, que le Dieu Delphique

D'un plus beau n'est decoré.
Noublions en notre metre
Comme elle osa s'entremettre
D'armer ses membres mignars:
Montrant au haut de sa teste
Vne espouuentable creste
Sur tous les autres soudars.

Ô noble, ô diuin chef d'euure
Des Dieus hauteins tous puissans,
Au moins meintenant descœuure
Tes yeus tous resiouissans,
Pour voir ma Muse animee,
Qui de sa robuste main
Haussera ta renommee,
Trop mieus que ce vieil Rommain,
Qui sa demeure ancienne,
La terre Saturnienne
Delaissa pour ta beauté,
A fin qu'à toy rigoureuse
Il fut hostie piteuse
En sa ferme loyauté.

La Muse docte diuine
Du vieillard audacieus,
Par le vague s'achemine
Pour t'enleuer iusqu'aus Cieus:
Mais la Parque naturelle
Dens les Iberiens chams,
Courut desemplumer l'aile
De ses pleurs, & de ses chams:

                                    Ennoyant

Enuoyant en sa vieilesse,
Mal seant en ta ieunesse,
Son corps, au tombeau ombreus:
Et son ame enamouree
En l'obscure demouree
Des Royaumes tenebreus.

Dieus des voutes estoilees,
Qui en perdurable tour
Retiennent emmantelees
Les terres, tout à l'entour:
Permetez moy que ie viue
Des ans le cours naturel,
A fin qu'à mon gré i'escriue
En un ouurage eternel,
De cette noble Deesse
La beauté enchanteresse,
Ce qu'elle ha bien merité:
Et qu'en sa gloire immortelle,
On voye esbahie en elle
Toute la posterité.

Ainsi que Semiramide,
Qui feingnant estre l'enfant
De son mari, print la guide
Du Royaume trionfant,
Puis démantant la Nature,
Et le sexe feminin
Hazarda à l'auenture
Son corps iadis tant benin,
Courant furieuse en armes

Parmi les Mores gendarmes,
Et es Indiques dangers
De sa rude simeterre
Renuersant dessus la terre
Les escadrons estrangers.

Ainsi qu'es Alpes cornues
(Qui, soit Hiuer soit Esté,
Ont tousiours couuert de nues
Le front au Ciel arresté)
On voit la superbe teste
D'un roc de * pins emplumé,
Rauie par la tempeste
De son corps acoutumé,
En roullant par son orage
Froisser tout le labourage,
Des Beufs les apres trauaus,
Ne laissant rien en sa voye
Qu'en pieces elle n'enuoye,
Cherchant les profondes vaux.

Ou comme Penthasilee,
Qui pour son ami Hector
Combatoit entremeslee
Par les Grecs, aus cheueus d'or,
Ores de sa roide lance
Enferrant l'un au trauers,
Or' du branc en violance
Trebuchant l'autre à l'enuers:
Et ainsi que ces pucelles
Qui l'une de leurs mammelles

Se bruloient pour s'adestrer
Aus combas & entreprises
Aus bons guerroyeurs requises,
Pour l'ennemi rencontrer:

Louïze ainsi furieuse
En laissant les habiz mols
Des femmes, & enuieuse
De bruit, par les Espagnols
Souuent courut, en grand noise,
Et meint assaut leur donna,
Quand la ieunesse Françoise
Parpignan enuironna.
Là sa force elle desploye,
Là de sa lance elle ploye
Le plus hardi assaillant:
Et braue dessus la celle
Ne demontroit rien en elle
Que d'un cheualier vaillant.

Ores la forte guerriere
Tournoit son destrier en rond:
Ores en une carriere
Essayoit s'il estoit pront:
Branlant en flots son panache,
Soit quand elle se iouoit
D'une pique, ou d'une hache,
Chacun Prince la louoit:
Puis ayant à la senestre
L'espee ceinte, à la destre
La dague, enrichies d'or,

En

En s'en allant toute armée
Ell' sembloit parmi l'armée
Vn Achile, ou un Hector.

L'orguilleus fils de Clymene
Nous peut bien auoir apris
Qu'il ne faut par gloire vaine
Qu'un grand trein soit entrepris.
L'entreprise qui est faite
Sans le bon conseil des Dieux
N'a point, ainsi qu'on souhaite,
Son dernier efet ioyeus:
Ainsi cette belliqueuse
Ne fut iamais orguilleuse:
Telle au camp elle n'alla:
Ains ce fut à la priere
De Venus, sa douce mere,
Qui un soir lui en parla.

Vn peu plus haut que la plaine,
Ou le Rone impetueus
Embrasse la Sone humeine
De ses grans bras tortueus,
De la mignonne pucelle
Le plaisant iardin estoit,
D'une grace & façon telle
Que tout autre il surmontoit:
En regardant la merueille
De la beauté nompareille
Dont tout il estoit armé,
Celui bien on l'ust pù dire

Du iuſte Roy de Coreyre,
En pommes tant renommé.

A l'entree on voyoit d'herbes,
Et de thin verfloriſſant,
Les lis & croiſſans ſuperbes
De notre Prince puiſſant:
Et tout autour de la plante
De petis ramelets vers
De marioleine flairante
Eſtoient plantez ces ſix vers;
DV TRESNOBLE ROY DE FRANCE
LE CROISSANT NEVVE ACROISSANCE
DE IOVR EN IOVR REPRENDRA,
IVSQVES A TANT QVE SES CORNES
IOINTES SANS AVCVNES BORNES
EN VN PLEIN ROND IL RENDRA.

Tout autour eſtoient des treilles
Faites auec un tel art,
Qu'aucun n'uſt ſu ſans merueilles
Là eſpandre ſon regard:
La voute en eſtoit ſacree
Au Dieu en Inde inuoqué,
Car elle eſtoit acoutree
Du ſep au raiſin muſqué;
Les coulomnes bien polies
Eſtoient autour enrichies
De Romarins & roſiers,
Leſquels faciles à tordre
S'entrelaſſoient en bel ordre

D   En

En mile neus fais d'ofiers?

Au milieu pour faire ombrage
  Eftoient meints arceaus couuers
  De Coudriers, & d'un bocage
  Fait de cent arbres diuers:
  Là l'Oliue paliffante
  Qu'Athene tant reclama,
  Et la branche verdiffante
  Qu'Apolon iadis ayma:
  Là l'Arbre droit de Cibelle,
  Et le ceruerin rebelle
  Au plaifir venerien:
  Auec l'obfcure ramée
  Par Phebe iadis formée
  Du corps Cyparißien.

Sous cette douce verdure,
  Soit en la gaye faifon,
  Ou quand la trifte froidure
  Nous renferme en la maifon,
  Tarins, Roßignols, Linotes
  Et autres oifeaus des bois
  Exercent en gayes notes
  Les dous iargons de leurs voix:
  Et la vefue tourterelle
  Y pleint & pleure à par elle
  Son amoureus tout le iour:
  De fa parole enrouée
  A pleints & à pleurs vouée
  Efroyant l'air tout autour.

Et à fin qu'a beauté telle
  Rien manquer on ne puſt voir,
  De la beauté naturelle
  Qu'un beau iardin peut auoir,
  Il y ut une fonteine,
  Dont l'eau coulant contre val
  En ſautant hors de ſa veine
  Sembloit au plus cler criſtal:
  Elle ne fut point ornee,
  Ny autour enuironnee
  De beaus mirtes Cipriens,
  Ny de buis, ny d'aucun arbre,
  Ny de ce precieus marbre
  Qu'on taille es monts Pariens:

Mais elle eſtoit tapiſſee
  Tout l'enuiron de ſes bors,
  Ou ſon onde courroucee
  Murmuroit ſes dous acors,
  D'herbe touſiours verdoyante,
  Peinte de diuerſes fleurs,
  Qui en l'eau douſondoyante
  Meſloient leurs belles couleurs.
  Qui uſt regardé la teſte
  D'un Narciſſe qui s'arreſte
  Tout panchant le col ſur l'eau,
  On uſt dit que ſon courage
  Contemploit encor l'image
  Qui trop & trop lui fut beau.

Auſſi par cette verdure

Estoit le iaune Souci,
Qui encor la peine dure
De ses feus n'a adouci:
Ains touiours se vire et tourne
Vers son Ami qu'il veut voir,
Soit au matin, qu'il aiourne,
Ou quand il est pres du soir.
Là aussi estoient Brunettes,
Mastis, damas, violettes
Ça & là sans nul compas:
Auec la fleur, en laquelle
Hiacinte renouuelle
Son nom apres son trespas.

Le ruisseau de cette sourse
A par soy s'ebanoyant,
D'une foible & lente course
Deça dela tournoyant
Faisoit une protraiture
Du lieu ou fut renfermé
Le monstre contre nature
En Pasiphae formé:
Puis son onde entrelassee,
De longues erreurs lassee,
Par un beau pré s'espandoit:
Ou maugré toute froidure
Vne plaisante verdure
Eternelle elle rendoit.

Titan laissant sa campagne
Peu à peu sous nous couloit,

Et dens la tiede eau d'Espagne
Son char il desateloit:
Quand en ce lieu de plaisance
Louïse estoit pour un soir,
Qui cherchant resiouïssance
Pres la font se vint assoir:
Elle ayant assez du pouce
Taté l'harmonie douce
De son lut, sentant le son
Bien d'acord, d'une voix franche
Iointe au bruit de sa main blanche,
Elle dit cette chanson:

La forte Tritonienne,
Fille du Dieu Candien,
Et la Vierge Ortygienne,
Seur du beau Dieu Cynthien,
Sont les deus seules Deesses
Ou i'ay mis tout mon desir,
Et que ie sù pour maitresses
Des mon enfance choisir.
Si Venus m'a rendu belle,
Et toute semblable qu'elle,
Auec sa diuinité,
Que pourtant elle ne pense,
Qu'en un seul endroit i'ofense
Ma chaste virginité.

La pucelle Lionnoize
Fredonnant meints tons diuers,
Au son plein de douce noise,

N'ut deus fois chanté ces vers,
Qu'un sommeil de course lente
Descendant parmi les Cieus,
Finit sa voix excellente
Et son ieu melodieus.
Sur la verdure espandue
Tout dous il l'a estendue,
Flatant ses membres dispos:
Dessus ses yeus il se pose,
Et tout son corps il arrose
D'un tresgracieus repos.

En dormant tout deuant elle
Sa mere se presenta,
En son beau visage telle
Qu'alors qu'elle s'acointa
D'Anchise, pres du riuage
Du Simoent Phrygien:
Dont naquit le preus courage
Qui au champ Hesperien
Renouuella la memoire,
Et la trionfante gloire
Du sang Troyen abatu,
Qui denoit en rude guerre
Tout le grand rond de la Terre
Conquerir par sa vertu.

Ell' regarde par merueille
Son visage nompareil,
Son haut front, sa ronde oreille,
Son teint froschement vermeil,

Le vif coral de sa bouche,
Ses sourcis tant graciens,
Que doucement elle touche
Pour voir les rais de ses yeus:
Non sans contempler encore
Celle beauté qui decore
La rondeur de son tetin,
Qui ni plus ni moins soupire
Qu'au printems le dous Zephire
Alenant l'air du matin.

Apres que la Cyprienne
Vt son regard contenté,
Voyant de la fille sienne
La plus qu'humeine beauté,
Esbahie en son courage
De sa grand' perfeccion,
Elle augmenta dauantage
Vers ell' son afeccion:
Puis toute gaye & ioyeuse,
D'une voix tresgracieuse,
Pour descouurir son souci,
Tenant les vermeilles roses
De sa bouche un peu descloses
Elle parola ainsi:

es Dieus n'ont voulu permettre
Aus vains pansers des mortels,
Que d'eus ils se pussent mettre
A fin : bien que leurs autels
Soient tous couuers de fumee,

Ou pour gaigner leur faueur,
Ou pour leur ire animee
Faire tourner en douceur,
Tous les veus pas ils n'entendent
Qui dauant leurs yeus se rendent:
Ains les ont à nonchaloir.
Veu ni priere qu'on face
N'y font rien, si de leur grace
Ils n'ont un mesme vouloir.

Que penses tu fille chere,
Penses tu bien resister
Contre les dars de ton frere
S'il lui plait t'en molester?
Il scet domter tout le monde
De son arc audacieus:
L'Ocean, la Terre ronde,
L'Air, les Enfers, & les Cieus.
Onq fille n'ut la puissance
De lui faire resistance,
Et ses fiers coups soutenir:
Mais ie te veus faire entendre
Pourquoy i'ay voulu descendre
Du Ciel, pour à toy venir.

Les hommes, pleins d'ignorance,
Citoyens de ces bas lieus,
Te pensent de leur semence,
Et non de celle des Dieus:
Mais par trop ils se deçoiuent
(Bien qu'ils le tiennent pour seur)

Et assez il n'aperçoiuent
De ta beauté la grandeur.
Qui diroit, voyant ta face,
Que tu fusses de la race
D'un homme simple & mortel?
La Terre sale & immunde,
Ne sauroit aus yeus du monde
De soy produire riens tel.

Tout ainsi la beauté rare
D'Heleine, chacun pensoit
Engendree de Tyndare:
Car on ne la connoissoit.
Toutefois si estoit elle
Fille du Dieu haut tonnant,
Qui sa maison supernelle,
Le haut Ciel, abandonnant,
Atourné d'un blanc plumage,
Semblant l'Oiseau qui presage,
En chantant, sa proche mort,
En Lede fille de Theste
De sa semence celeste,
La conçut par son effort,

Auecques deus vaillans freres,
Dont l'un alaigre escrimeur
Domta les menasses fieres,
Et la trop ápre rigueur
Du cruel Roy de Bebrice,
Acoutumé d'outrager,
Et meurtrir par sa malice

Chascun soudart estranger:
L'autre de hardi courage,
Inuenta premier l'usage
De ioindre au char le coursier:
Ou il se roula grand' erre,
Effroyant toute la terre
Des deux ronds bornez d'acier.

Ainsi, bien qu'on ne te donne
L'honneur d'estre de mon sang,
Et du fier Dieu qui ordonne
Les puissans soudars en rang,
Si m'est ce chose asseuree,
Que de Gradiue le fort
En moy tu fus engendree,
Ioingnant le gracieux bord,
Ou la Sone toute queye
Fait une paisible voye
S'en allant fendre Lion:
Dens lequel on voit encore
Vn mont, ou lon me decore,
Qui retient de moy son nom.

Four enne- fo- eu.

Le lieu ou tu fus conçue
Ne fut vile ny chateau,
Ains une forest tissue
De meint plaisant arbrisseau,
Dont ie veux (en témoignage
De ta race) te pouruoir,
Ainsi que d'un heritage
Que ie tiens en mon pouuoir.

Là autour sont meintes plaines,
Esquelles les blondes graines
De Ceres pourras cueillir,
Et la liqueur qui agree
A Bachus, & meinte pree
Ou l'herbe ne peut faillir.

Là aussi sont meints bocages
Deça delà espandus,
Ou en tout tems les ramages
Des Oiseaus sont entendus.
Par fois tu y pourras tendre
Le ret rare, à ton desir,
Et quelque gibier y prendre
Pour acroitre ton plaisir:
Ou t'exerçant à la chasse
Tu poursuiuras à la trace
Les Lieures fuians de peur,
De chiens autour toute armee,
Vagans dessous la ramee
Se guidans à la senteur.

Et si par trop tu te peines
En trop violent effort,
De meintes cleres fonteines
Tu pourras auoir confort:
L'eau sortante de leur sourse
Tes membres refreschira,
Et la murmurante course
A son bruit t'endormira:
Apres chargee de proye,

Tu te pourras mettre en voye
Pour à ton chateau tourner,
Qu'en brief batir ie veus faire,
Sufisant pour te complaire
S'il te plait y seiourner.

Sur tout (fille) ie t'auise,
Que d'un cœur tant odieus
Ton frere tu ne mesprise,
C'est le plus puissant des Dieus.
En ta beauté excellente
Meint homme il rendra transi,
Mais sa main ne sera lente
A te tourmenter aussi.
Prens bien à ce propos garde,
Car ia desia il te darde
Son tret ápre & rigoureus:
Dont il t'abatra par terre,
Rendant d'un homme de guerre
Ton tendre cœur amoureus.

En ce il prendra bien vengeance
Du bon Poëte Rommain,
Auquel sans nulle allegeance
Ton cœur est trop inhumein.
Bien prendra à ta ieunesse
Auoir apris à soufrir
Des durs harnois la rudesse,
Et à meint trauail s'ofrir:
Souuent seras rencontree
Depuis la tarde vesprec

Iusqu'au

Iufqu'au point du prochein iour,
Parmi les bois languiſſante,
Et tendrement gemiſſanre
La grand' cruauté d' Amour.

Alors pour eſtre aſſeuree
Point en femme tu n'iras,
Ains d'une lance paree
Cheualier tu te diras.
Ia en ton harnois brauante
Ie te regarde aſſaillir
Meint cheualier, qui ſe vante
Hors de l'arçon te ſaillir:
Puis dextrement apreſtee,
Ayant ta lance arreſtee
Le deſarçonner en bas,
Lui tout froiſſé, à grand' peine
Leuer ſon ame incerteine,
Chancelant à chacun pas.

A ſi grans trauaus ton frere
Durement te contreindra,
Iuſqu'à ce qu'à la premiere
Liberté il te rendra:
Alors laiſſant les alarmes,
Et les hazars perilleus,
Tu rueras ius les armes,
Et le courage orguilleus,
Dont tu ſoulois mettre en terre
Meint vaillant homme de guerre
Renuerſé ſous ſon eſcu,

Qui

Qui repentant en sa fiee,
De sa premiere menasse
Tout haut se crioit vaincu.

Donq laissant dague & espee
Ton habit tu reprendras,
A plus dous ieus ocupee
Ton dous lut tu retendras:
Et lors meints nobles Poëtes,
Pleins de celestes esprits,
Diront tes graces parfaites
En leurs tresdoctes escriz:
Marot, Moulin, la Fonteine,
Avèc la Muse hauteine
De ce Sceue audacieus,
Dont la tonnante parole,
Qui dens les Astres carole,
Semble un contrefoudre es Cieus.

Toutefois leur fantasie
Ton loz point tant ne dira,
Comme d'un la Poësie,
Qui de l'onde sortira
Du petit Clan, dont la riue
Priuee de flots irez,
Ha en tout tems l'herbe viue
Autour des bors retirez.
De cil la Muse nouuelle
Rendra ta grace immortelle:
Du Ciel il est ordonné
Qu'a lui le bruit de la gloire

De

De t'auoir mise en memoire,
Entierement soit donné.

Qu'à ton cœur tousiours agree
Du Poëte le labeur:
Son escriture est sacree
A tout immortel bonheur.
Ayant qui ton loz escriue,
Mourir ne peus nullement:
Ainsi Laure, ainsi Oliue
Viuent eternellement.
Vn Bouchet en façon telle,
Met en memoire immortelle
De son Ange le beau nom:
Sacrant l'Angelique face,
Sa beauté, sa bonne grace,
Au temple du saint renom.

A tant la Deesse belle
Mit fin à son douz parler:
Son chariot elle atelle
Toute preste à s'en voler:
Les mignonnes colombelles
Par le vague doucement
Esbranlent leurs blanches esles
D'un paisible mouuement.
Louize estant esueillee
Resta toute esmerueillee
De la sainte vision:
Ignorante si son songe
Est verité ou mensonge,

Ou quelque autre illusion.

Son corps droit, sa bonne grace,
Son dur teton, ses beaux yeux,
Les diuins traits de sa face,
Son port, son ris gracieux,
Le front serein, la main belle,
Le sein comme albastre blanc
Montrent euidemment qu'elle
Sortit du Ciprien flanc.
Puis sa vaillance & prouesse,
Son courage, son adresse,
Et la force du bras sien
De grand heur acompagnee,
La montrent de la lignee
Du Gradiue Thracien.

Mais d'autre part, sa doctrine,
Sa sagesse, son sauoir,
La pensee aus arts encline
Autant qu'autre onq put auoir.
Les vers doctes qu'elle acorde,
En les chantant de sa voix,
A l'harmonieuse corde,
Fretillante sous ses doits:
Et la chasteté fidelle,
Qui tousiours est auec elle,
Nous rendent quasi tous seurs
Qu'elle ut la naissance sienne
De la couple Cynthienne,
Ou de l'une des neuf Seurs.

Toutefois

Toutefois il nous faut croire,
Ce que nous disent les Dieux,
Qui par la nuitee noire
Se montrent aus dormans yeus.
Ainsi Hector à Enee
En un songe s'aparut,
Et la sienne destinee
En songe il lui discourut.
Souuent la future chose
Du sain esprit qui repose
Est preuuë de bien loin:
Ce songe presque incroyable,
Qui apres fut veritable,
En pourra estre temoin.

Mais il est tems douce Lire
Que tu cesse tes acors.
Si assez tu n'as pù dire,
Si as tu fait tes effors.
Celle harpe Methimnoise,
Qui peut la mer esmouuoir,
N'ut la Ninfe Lionnoize
Chanté selon son deuoir:
Non pas teute la Musique
De celle bende Lirique
Qui (long tems ha) florissoit
En la Grece : qui meint Prince,
Meint païs, meinte Prouince,
De son chant resiouissoit.

F I N.

FAVTES A CORRIGER
en l'impreſſion.

Page 33. lig. 7. lis pleir, pour pleint
Page 67. lig. 15. lis fait, po...
Page 102. lig. 16. lis Tou...
Page 141. lig. 5. lis Il nous faut or...

Acheué d'imprimer ce 12. Aouſt,

M. D. L V.

marque à la fin 4 feuilles
contenant un privilège du Roi
Henri, daté du XIII jour de
Mars, L'an 1554. contresigné
Robillard. —

ce privilège existe dans les
exemplaires de M. Cotte et de
Mr De Garay.

www.ingramcontent.com/pod-product-compliance
Lightning Source LLC
Chambersburg PA
CBHW072058080426
42733CB00010B/2149